中国語で読むシャーロック・ホームズ
シャーロキアンが愛した5篇

夏洛克•福尔摩斯
夏洛克人喜爱的五个故事

コナン•ドイル
原著

羅　漢
中国語訳•解説

日本語
井上久美
●
録音
羅　漢
●
イラスト
Tomoko Taguchi

はじめに

　ホームズの物語は、19世紀のイギリスを舞台に描かれた世界的に有名な探偵小説です。その主人公であるホームズは、鋭い観察眼と論理的思考力を持ち合わせた人物で、時には風変わりな行動をすることもあります。彼と一緒に冒険をすることで、未解決の謎を解き明かした時の興奮や満足感を得られるだけでなく、推理のプロセスに没頭することで私たち自身の論理思考や推理能力を鍛えることもできます。

　また、中国語でホームズを読むことは、中国語の学習者にとって多くの利点があります。まず、ホームズの物語は、バラエティに富んだ口語表現をたくさん使っており、「実用性」を目指す学習者にとって読みやすく身につきやすいです。次に、ホームズを読むことで、学習者は豊富な語彙や表現方法に触れることができます。というのは、ホームズの物語は様々なテーマや状況を扱っており、異なる社会的背景や職業に触れるからです。読んでいるうちにわかって頂けるように、日常的な言い回しだけでなく、法律、医学、科学といった分野の語彙や表現もしょっちゅう出てきます。最後に、ホームズの物語は、文化的な価値と歴史的背景を持っており、学習者にとってはイギリスの文化や社会背景を理解するのに役立ちます。19世紀のイギリス人が21世紀の中国人に生まれ変わったらどんな表現を使うだろうと思うだけでワクワクしませんか。

　さあ、中国語も堪能なシャーロック・ホームズと一緒に謎解きの冒険に出かけましょう。

羅　漢

本書の構成

本書は、

- □ 中国語本文に対応する日本語訳
- □ 欄外の語注
- □ ストーリー毎のフレーズ解説
- □ MP3形式の中国語音声

で構成されています。本書は、シャーロック・ホームズの短篇の日本語抄訳と中国語訳を読み進めることで、そのストーリーを楽しみながら、同時に中国語を学習するうえで役に立つ表現も習得できるようになっています。

　文中のQRコードをスマートフォンなどで読み取ると、該当部分の中国語音声を聞くことができます。最初は中国語の文を目で追いながら、耳で中国語の発音を確認しましょう。その後は、音声を繰り返して聞いていただくことで、発音のチェックだけでなく、中国語で物語を理解する力がさらに深まります。

＊本書は左ページに中国語、右ページに日本語を配し、対照して読み進めていただけるようつくられています。必ずしも同じ位置から始めることは難しいのですが、なるべく該当の日本語が見つけられやすいように、ところどころ行をあけるなどして調整してあります。

●音声一括ダウンロード●

本書の朗読音声（MP3形式）を下記URLとQRコードから無料でPCなどに一括ダウンロードすることができます。

https://ibcpub.co.jp/audio_dl/0782/

※ダウンロードしたファイルはZIP形式で圧縮されていますので、解凍ソフトが必要です。
※MP3ファイルを再生するには、iTunesやWindows Media Playerなどのアプリケーションが必要です。
※PCや端末、ソフトウェアの操作・再生方法については、編集部ではお答えできません。
　付属のマニュアルやインターネットの検索を利用するか、開発元にお問い合わせください。

目次

波西米亚丑闻

ボヘミアの醜聞

ボヘミア国王がベーカー街のホームズの部屋を訪ねてきた。
ある国の王女と結婚するにあたり、
昔つきあっていた女性といっしょに撮った写真を
とりもどしてほしいというのだ……

この最初の短編が1891年、月刊誌『ストランド』に掲載されるや
大評判になる。この後『赤毛組合』『まだらの紐』などの名作が
毎号連載され、5万部だったこの雑誌の発行部数が
あっというまに50万部になってしまった。

女嫌いのホームズがただひとり「あの女性(ひと)」と呼ぶ
アイリーン・アドラーが登場し、この名探偵と頭脳勝負をくりひろげる
というファンにとっては「たまらない」作品。
ホームズがアイリーンに恋愛感情をもっていたかどうかについては
論争が続いているが、シャーロキアンたちの「永遠のマドンナ」
であることは確かである。

ちなみに国王が当座の費用としてホームズに渡した1000ポンドは
現在の価値に換算すると2400万円に相当する。

01

波西米亚丑闻

　　对于夏洛克·福尔摩斯来说，她永远是"那个女人"。我很少听到他以其他方式来称呼她。在他眼里，她是世界上最好的女人。然而，这并不意味着福尔摩斯爱上了已故的艾琳·阿德勒。他拒绝对她抱有任何形式的情感，更不用说恋人般的感情了。他始终保持着一种冷静、缜密和平衡的心态。在我看来，夏洛克·福尔摩斯拥有世界上最完美的头脑。然而，他在谈到人们感情的微妙之处时，却从来没有不加嘲讽的意思。他刻意避免抱有强烈的感情。因为那会让他乱了分寸。但福尔摩斯的一生中也有一个女人。而那个女人就是艾琳·阿德勒。他可能是唯一一个记得她的人。

■ 称呼 [動]呼称する　■ 爱上 [動]好きになる　■ 已故的 [形]故～　■ 拒绝 [動]拒絶する、断る　■ 保持 [動]保持する、保つ　■ 缜密的 [形]緻密な　■ 平衡的 [形]平衡のとれた　■ 心态 [名]心理状態、精神　■ 嘲讽 [名]皮肉　■ 刻意 [副]わざと、あえて　■ 避免 [動]避ける、免れる　■ 乱了分寸 気持ちが乱れる　■ 记得 [動]憶える、記憶する

ボヘミアの醜聞

　シャーロック・ホームズにとって、彼女はいつも「あの女性」だった。ほかの呼び方をするのを聞いたことはめったにない。彼の目には、彼女はこの世で最高の女性に映っているのだ。とはいっても、ホームズが故アイリーン・アドラーに恋していたわけではない。彼は、何らかの感情、ましてや恋愛感情を抱くことを拒絶していた。いつも冷静で緻密、均衡のとれた精神状態に保っていた。私のみたところでは、シャーロック・ホームズは、この世で最も完璧な精神をもつ人間である。しかし、彼が皮肉を交えずに、人の微妙な気持ちについて語ることはなかった。強い感情というものをあえてもたないようにしている。気持ちが乱されるからだ。しかし、ホームズにも、ひとりの女性がいた。そして、その女性がアイリーン・アドラー。彼女のことを憶えている人はおそらく彼以外にはいない。

9

　　福尔摩斯和我已经很久没有见面了。我已经结婚了，现在大部分时间都和我的伴侣在一起极为幸福地生活着。当我的家人让我忙得不可开交时，福尔摩斯却尽可能地回避这个世界，住在他曾经和我一起生活过的贝克街的宿舍里，沉浸在书的世界里，精力充沛地琢磨一些想法。和过去一样，他研究犯罪，并协助警方解决那些他们已经放弃的案件。偶尔，我会听到一些传言，说他帮助警察解决了这类案件。最近我还听说他协助解决了有关荷兰王室的案件。但我只是通过报纸了解的这些事情；我只是作为全国性报纸的一名读者得知的这些事情罢了。我已经很久没有与福尔摩斯见面交谈了。

　　一天晚上——那是 1888 年 3 月 20 日——我在一个病人的家访结束后回家的途中经过贝克街。我想去看看我的朋友。我想知道他此刻正在处理什么案件。我看了看他家的窗户，看到一个高大的身影。我记得他背着手走路的样子。我按了按门铃，福尔摩斯打开门，招呼我进去。那是我结婚前和他一起住过的房间。

　　他什么也没有说，但似乎很高兴再次见到我。他用温暖的目光示意我坐在扶手椅上。当我坐下后，他站在壁炉前，仔细打量着我。然后，他开口说道："距离我们上次见面你似乎增重了 7.5 磅啊"。

■ 不可开交 [形]（忙しくて）どうしようもない　■ 沉浸 [動] 思いにふける、浸る　■ 精力充沛地 [副] 精力的に、生き生きと　■ 琢磨 [動] よく考える、熟慮する　■ 协助 [動] 協力する　■ 偶尔 [副] たまに、時折　■ 传言 [名] 噂　■ 通过 [前]～通じて、～によって　■ 交谈 [動] 話し合う、語り合う　■ 家访 [名] 家庭訪問　■ 结束 [動] 終わる、終了する　■ 经过 [動] 通りかかる　■ 此刻 [名] 今、この時　■ 身影 [名] 人影　■ 背着手 手を後ろに組む　■ 按 [動] 押す　■ 门铃 [名] 呼び鈴、インターホン　■ 招呼 [動] 招き呼ぶ　■ 目光 [名] まなざし　■ 示意 [動] 意向をほのめかす、合図する　■ 扶手椅 [名] 肘掛け椅子　■ 壁炉 [名] 暖炉　■ 打量 [動] 観察する　■ 磅 [名] ポンド

　ホームズと私は、長い間会っていなかった。私は結婚し、今では生活の大半を伴侶とともに、このうえなく幸せに暮らしていた。家庭をもったことで私は忙しくなったが、ホームズの方は、可能な限り世の中に背を向け、かつて私と暮らしていたベーカー街の下宿で、本を読みふけり、精力的に何かしら考えを練ったりして暮らしていた。かつてのように、犯罪を研究し、警察があきらめた事件の解決に乗り出していた。時折、彼が警察に協力してその種の事件を解いたという噂を耳にした。最近のものでは、オランダ王室が関わる事件に協力したというものもあった。しかし、私はただ新聞を通して知るだけ、全国紙の一読者として情報を得ているにすぎなかった。ホームズと会って、会話を交わしていたころから、長い時間がたっていた。

　ある夜——それは1888年3月20日のことだった——私は患者の往診から帰る途中、ベーカー街を通りかかった。友に会いたくなった。今、どんな事件に取り組んでいるのだろう。彼の家の窓を見ると、背の高い人影が映った。手を後ろに組んで歩く様子は憶えがある。呼び鈴を鳴らすと、ホームズは扉を開け、部屋に招き入れてくれた。結婚する前は私も一緒に暮らしていた部屋だ。

　彼は何も言わなかったが、私との再会を喜んでいるようだった。温かいまなざしで、肘掛け椅子に座るように手で促した。私が腰かけると、彼は暖炉の前に立ち、私をじっくりと観察した。そして口を開くと、「最後に会った時から7.5ポンド増えたようだな」と言った。

"是七磅。"我回答说。

"我觉得还差一点儿。"福尔摩斯继续说。"你没有告诉我你重新回去当医生的事吧。此外，你雇的那个女仆似乎很是粗心啊。"

"福尔摩斯！你究竟是怎么知道这些的？如果你生活在几百年前，你就会被当作女巫烧死在火刑柱上。上周我在一条乡间小道上散步时确实淋了雨。但我今天穿的是别的衣服啊。你是怎么知道那个女仆很粗心的？"

"呵呵。"福尔摩斯嘴角泛起微笑。"我看到你的鞋子上有一些胡乱擦伤的痕迹。那一定是为了清除泥巴来回擦才弄伤的吧。至于你回去当医生这件事，我可以闻到你手上强烈的药品的味道，而且你的帽子也很不自然地凸起来一块。是因为里面戴了听诊器的缘故吧？"

当他解释他是如何轻松推断出我的近况时，我不得不笑了出来。"每当我听到你的推理，它们总是显得如此简单，以至于我觉得自己是多么愚蠢。是要怎么做才能看到这么多东西呢？我的眼神也不比你的差多少。但是，除非你向我解释，否则我什么也看不到。"

■ 差一点儿 少し足りない　■ 医生 [名]医者　■ 女仆 [名]メイド　■ 粗心 [形]おっちょこちょい、気が利かない　■ 究竟 [副]いったい　■ 女巫 [名]魔女　■ 嘴角 [名]口元　■ 泛起 [動]浮かぶ、浮かべる　■ 胡乱 [副]ぞんざいに　■ 清除 [動]取り除く　■ 泥巴 [名]泥　■ 药品 [名]薬品　■ 味道 [名]匂い、味　■ 听诊器 [名]聴診器　■ 缘故 [名]原因、わけ　■ 轻松 [副]たやすく、容易に　■ 推断 [動]推理する、推測する　■ 显得 [動]～に見える、～に思える　■ 愚蠢 [形]愚か　■ 眼神 [名]目遣い

「7ポンドだ」と私は答えた。

「もう少しあると思うがね」とホームズが続ける。「医者に復帰したことを僕には黙っていたね。それに、君の雇っているメイドはひどく気が利かないようだ」

「ホームズ！ いったいどうしてそれを？ 君、数百年前に生きていたら、魔女扱いされて火あぶりの刑になっているぞ。たしかに先週、田舎道を延々と歩いていて雨にふられたんだ。でも、今日は別の服を着ているよ。どうしてメイドが気が利かないとわかった？」

「ふふん」とホームズは口元に笑みを浮かべた。「君の靴に、ぞんざいに擦った痕がある。泥を取り除こうとして、あちこち傷つけてしまったんだろう。医師に復帰したことについては、君の手から強い薬品の匂いがしたし、帽子がいやに膨らんでいるからね。聴診器が入っているんだろう？」

私の近況をたやすく推理した様子を説明され、私は笑うしかなかった。「君の推理を聴くと、いつだってあまりにも簡単に思えて、自分がなんて愚かなんだろうと思うよ。どうやったらそんなにたくさんのことが見えるんだい。私の目も負けてはいないんだよ。でも、君に説明してもらうまで、何も見えないんだよ」

"华生，问题是你的注意力不在那儿。"福尔摩斯亲切地对我说。"比如说，你已经看过通往这个房间的楼梯了吧。"

"当然了。"
"看过多少次？"
"嗯，几百次吧。"
"那么，有多少级台阶呢？"
"有多少级台阶？我还真没数过呢。"
"我就知道。你没有在观察。但是你的确在看。这就是我想说的。好吧。我知道有 17 级台阶。那是因为我在看，在观察。"

福尔摩斯接着说："先不说这个，你看看这封信。是今天寄到的。"信里说，今晚 8 点有个客人要来拜访，希望他能留在家里。这封信看上去非常重要。

这封信有厚厚的一沓。福尔摩斯让我透过光看这沓纸，于是我看到上面印有"Eg P Gt"的字样。但我不明白那是什么意思。福尔摩斯接着说："Gt"是德语中公司这个词的标准写法。"P"自然是纸的意思。"Eg"是，嗯，如果你看一下德国地图，有一个地方叫埃利亚（Egria）。你认为这是什么意思？"

■ 楼梯 [名] 階段　■ 拜访 [動] 尋ねる、訪れる　■ 一沓 量、一束　■ 公司 [名] 会社　■ 写法 [名] 書き方

14

「ワトソン君、問題はね、君が注意を向けていないということだよ」と、ホームズは親切に教えてくれた。「例えば、この部屋に上る階段を見てきたよね」

「もちろんさ」

「何回ぐらい?」

「そうだな、何百回も」

「それなら、何段あるかな?」

「何段? そんなの数えたことないな」

「そうだろうとも。君は観察していないんだ。でも見てはいる。それが僕の言いたかったことだ。さあ。僕は17段あると知っているよ。だって、見て、観察しているからね」

ホームズは続けた。「ところで、この手紙を見てくれ。今日届いたんだ」。その手紙には、今夜8時に客が尋ねてくるので、家にいて欲しいとの旨が書かれていた。非常に深刻な様子が感じられた。

厚手の便箋だった。ホームズがその紙を光に透かしてみるように言うので見てみると、「Eg P Gt」という文字が入っているのがわかった。しかし、私にはその意味するところはわからなかった。ホームズが続けた。「Gt」はドイツ語で会社を意味する標準的な書き方だ。Pはもちろん紙のこと。「Eg」は、そう、ドイツの地図を見ると、エグリア(Egria)という地名があるね。これは何を意味すると思う?」

"你是说这沓纸是在德国制造的？"我怯生生地说道。

"是的。而且写这封信的人是德国人。"

就在八点钟，我听到街上传来一阵马蹄声。我正要离开，但福尔摩斯轻轻地把我推回到椅子上，叫我留下来仔细观察。

进来的人特别高大，让人联想到海格力斯。那人穿着一件蓝色大衣，脖子上围着一条红围巾。他的靴子顶部覆盖着大量的棕色毛皮，手里还拿着一顶帽子。我无法看到他的脸。那是因为他戴着一个面具。

"信寄到了吗？"那人操着一口浓烈的德国口音问道。

"请坐。"福尔摩斯说。

那个男人开口说话了。

"我将要说的事决不能被泄露给其他人。我现在有点儿麻烦。虽说是一点儿麻烦，但如果这件事被泄露给报社什么的，那都会给欧洲最负盛名的家族带来极大的难堪。"

■德国 [名]ドイツ　■怯生生地 [副]おずおずと　■离开 [動]離れる、帰る　■留下 [動]残る　■联想 [動]連想する　■大衣 [名]コート　■围巾 [名]スカーフ、マフラー　■靴子 [名]ブーツ　■面具 [名]仮面　■泄露 [動](情報を)漏らす、漏洩する　■麻烦 [名]問題、トラブル　■报社 [名]新聞社　■最负盛名的 [形]最も有名な　■难堪 [名]辱め

「この紙はドイツで作られたということか」と私はおずおずと答えた。

「その通り。そして、これを書いた男はドイツ人だということだ」

ちょうど8時、通りを駆ける馬の蹄の音が聞こえた。私は帰ろうとしたが、ホームズが私をやさしく椅子に押し戻し、ここで気をつけて観察してくれと言った。

入ってきた男は並外れて背丈が高く、ヘラクレスを思わせる様相で、群青色のコートを着て、首には赤いスカーフを巻いていた。ブーツの上部には茶色の毛皮がたっぷりとあしらわれ、帽子を手にしていた。顔は見えなかった。仮面を付けていたからだ。

「手紙は届きましたか」と、彼は強いドイツ語なまりで聞いてきた。

「おかけください」とホームズが答えた。

男は語り始めた。

「私がこれから申し上げることは、決して他言されないように。今ちょっとした問題を抱えている。ちょっとしたとはいっても、この情報が新聞などに漏れてしまえば、ヨーロッパでも有数の名家に多大な辱めがもたらされることになる」

福尔摩斯和我深深地点了点头表示同意。然后,福尔摩斯靠在椅子上,闭上了眼睛。"但是,如果您不一五一十地把问题全都告诉我们,我们就无法帮助您。"

听到这句话,那个男人跳了起来,一把摘下面具,说:"好极了,我是个国王。我无意隐瞒。"

"我是怎么知道的?"福尔摩斯说。"你一进这个房间,我就认出你了。你是威廉·戈兹里奇·西吉斯蒙·冯·奥尔姆施泰因大公(波西米亚国王),后来成为了德国国王。"

听到这句话,客人便在椅子上坐下,开始平静地述说起来:"对我来说,当面咨询一个人是非同寻常的。我从布拉格来找你,是因为在这件事上我没有其他可以信任的人。"

"请说吧。"福尔摩斯催促道,他再次闭上了眼睛。

"这件事并不复杂。五年前,我在华沙遇到一个叫艾琳·阿德勒的歌剧演员。她出生在新泽西州,在华沙工作。我给她写了几封信,告诉她我的感受。但是现在我想取回那几封信。"

"仅仅是几封信而已,为什么会让您如此担心呢?"福尔摩斯问道。

■ 一五一十地 [副] 包み隠さず　■ 摘下 [動] はぎ取る、外す　■ 隐瞒 [動] 隠す、隠蔽する　■ 平静地 [副] 静かに　■ 咨询 [動] 相談する　■ 非同寻常的 [形] 異例の、尋常でない　■ 信任 [動] 信頼する　■ 演员 [名] 俳優　■ 告诉 [動] 伝える、教える　■ 感受 [名] 思い、気持ち　■ 取回 [動] 取り返す　■ 仅仅 [副] ただ、単に

ホームズと私は、同意の記しに深くうなずいた。それからホームズは、椅子にもたれると目を閉じていった。「しかし、その問題を包み隠さずお話ししていただかないことには、お助けすることはできませんよ」

これを聞いて男は跳び上がり、仮面をはぎ取って言った。「いかにも、余は王である。隠すつもりはない」

「なぜわかったのか?」とホームズ。「この部屋に入っていらしたとたんにわかりました。ヴィルヘルム・ゴッツライヒ・ジギスモント・フォン・オルムシュタイン大公(ボヘミア国王)、後にドイツ国王になられる方だということが」

これを聞くと客は椅子に腰を下ろし、静かに語り始めた。「私が直々に人に相談するなど異例のことだ。プラハから貴殿を訪ねてきたのは、この件についてほかに信頼できる人物がいないからだ」

ホームズは「どうぞ、お話し下さい」と促すと、再び目を閉じた。

「そう複雑な話ではないのだ。5年前、私はワルシャワでアイリーン・アドラーというオペラ歌手と出会った。ニュー・ジャージー州生まれの歌手で、ワルシャワで活動していた。私は彼女に何通か手紙を書き、思いを伝えた。だが今はその手紙を取り返したい」

「ほんの何通かの手紙をなぜそれほど心配なさるのですか?」とホームズは聞いた。

"我最想拿回来的照片是我们俩的合照。"

"天啊，那也太轻率了吧。"福尔摩斯说。

"的确。我当时脑子不清醒。还是太年轻了。现在我已经30了，马上就要娶斯堪的纳维亚国王的第二位公主。如果让公主听到哪怕是一点儿阿德勒的事，这场婚姻就泡汤了。"

"您确定阿德勒小姐是想阻止您和别的女人结婚吗？"

"毫无疑问。她已经答应在正式宣布结婚的那天，也就是下周一把照片寄过来。"

"这么说，您还有三天的时间。"福尔摩斯一边打着哈欠一边说。"您能把住的酒店的号码告诉我，以便我可以联系您吗？还有，报酬怎么算？"

"你想要多少都可以。如果我的名誉能得到保护，把我的王国分给你一块也行。作为当下的开支，我给你留三百英镑的黄金和七百英镑的纸币。"国王说着，便把它们放在了桌子上。

福尔摩斯写下了艾琳·阿德勒的地址，并告诉我第二天3点钟再来讨论这件事。

■ 照片 [名] 写真　■ 合照 [名] 集合写真、ツーショット　■ 脑子不清醒 頭がおかしい、どうかしている　■ 年轻 [形] 若い　■ 娶 [動] ～を嫁にする　■ 泡汤 [動] 夢になる、白紙になる　■ 毫无疑问 [形] 間違いない　■ 答应 [動] 約束する　■ 宣布 [動] 発表する　■ 哈欠 [名] あくび　■ 酒店 [名] ホテル　■ 号码 [名] 番号　■ 联系 [動] 連絡する　■ 报酬 [名] 報酬　■ 保护 [動] 守る　■ 当下的 [形] 当面の、目下の　■ 开支 [名] 費用、支出　■ 英镑 ポンド　■ 纸币 [名] 紙幣

「私が一番取り戻したいのは、ふたりで撮った写真なのだ」

「なんと、それは軽率でしたね」とホームズは言った。

「そのとおりだ。私はどうかしていた。若気の至りだ。今は30になり、スカンジナヴィア国王の第二王女との結婚を控えている。アドラーのことが王女の耳に少しでも入ったら、この結婚など夢のまた夢になってしまう」

「アドラー嬢が、あなたが別の女性と結婚するのを邪魔しようとしているのは確かですか?」

「間違いない。彼女は結婚の公式発表の日、つまり来週の月曜日に写真を送ると約束してきた」

「では、3日間の猶予がありますね」とホームズはあくびをしながら言った。「私から連絡がとれるよう、ご滞在のホテルの番号を教えていただけますか。それから報酬の方は?」

「いかようにも。私の名誉が守られるのならば、王国の一部を与えてもよい。当面の費用として、金貨300ポンド、紙幣700ポンドを置いておこう」と王は言い、テーブルの上に置いた。

ホームズはアイリーン・アドラーの住所を書き留めると、私に、この件について話し合いたいから、翌日の3時にまた来てくれと言った。

2

第二天3点，我去了福尔摩斯的房间，但却不见他的踪影。据女仆说，他在上午8点就出门了，一直没有回来。我决定不管多晚都要等到他，于是坐了下来。研究福尔摩斯的工作方法总是让人感到兴奋。他的推理速度惊人。他知道如何以一种精妙的方式瞬间解开谜团。而且，他也从未失败过。

静静地过去了一个多小时，他突然走了进来。他看起来十分疲惫。他退到卧室里，但大约5分钟后，当他回到客厅时，他看起来轻松自在了许多。接着，他坐了下来并笑着说：

"你绝对猜不到我今天早上都做了些什么。"
"你大概是去打探阿德勒小姐了吧。"

■ 踪影 [名]形迹、姿　■ 出门 [動]出かける、外出する　■ 惊人 [形]驚くばかりの、凄まじい
■ 精妙的 [形]絶妙な　■ 谜团 [名]謎　■ 疲惫 [形]疲れている　■ 卧室 [名]寝室　■ 客厅
[名]居間　■ 轻松自在 [形]リラックスしている　■ 打探 [動]偵察する、探りを入れる

2

　翌日の3時、私はホームズの部屋に行ったが、彼の姿はどこにも見えな
かった。メイドによれば、彼は朝8時に家を出てから戻ってきていない
という。私は、どれだけ遅くなっても彼を待とうと決め、腰を下ろした。
ホームズの仕事の方法を研究するのは、いつだって楽しい。その推理の迅
速なこと。彼は絶妙な方法で瞬時に謎を解く術を心得ていた。そして、失
敗することもなかった。

　1時間ほどが静かに過ぎ、突然、彼が入ってきた。ひどく疲れているよ
うだった。寝室に引っ込んだが、5分ほどして居間に戻ってきたときには、
すっきりとリラックスしているようだった。それから彼は笑いながら腰
を下ろした。

　「僕が今朝、何をしてきたか、君には想像できないだろうね」

　「アドラー嬢を偵察にいったんだろう」

"没错。但是，这次的经历非同寻常。我找到了她的房子。客厅里有一扇大窗户，一直延伸到地板上。是那种连小孩儿都能轻易从外面打开的窗户。我绕着房子走了一圈，仔细观察了一下，但没有什么值得注意的地方。我走到街上，看到那里有马厩和一个养马人。我帮他刷马，他便告诉了我关于邻居们的各种传言。大部分都是些鸡毛蒜皮的事，但至少关于阿德勒小姐我得到了相当多的信息。"

"她是个什么样的女人？"

"全城的男人都为她着迷。她美丽端庄。她的生活很平静，在音乐会上演唱，每天5点出门，7点回来吃晚饭。经常进出她家的男客人只有一个。一位名叫戈弗雷·诺顿的律师。他每天来一次，有时会来两次。听说是一位英姿飒爽的年轻人。

听完养马人说的事，我又在街上逛了一会儿。戈弗雷·诺顿是什么人？如果艾琳是雇他来保护自己免受国王伤害的，她应该会把照片交给他。但是，如果他是她的恋人，她就不太可能把照片给他。

■ 延伸 [動]伸びる、届く　■ 轻易 [副]簡単に　■ 值得 [動]～に値する　■ 马厩 [名]厩舎
■ 鸡毛蒜皮的 [形]とるに足りない、些細な　■ （为～）着迷 [動]～に魅了される　■ 美丽端
庄 [形]容姿端麗　■ 英姿飒爽的 [形]かっこいい、男前な

「その通り。でも、そうそうない体験だよ。彼女の家を見つけた。居間には床に届くほどの大きな窓があった。子供でも外から簡単に開けられるような窓だったよ。家のまわりを歩いて仔細に観察してみたが、特に目立ったところはなかった。通りを歩いてみると、厩舎があって、馬番がいた。馬にブラシをかけるのを手伝ってやったら、近所の人たちの噂をあれこれ話してくれた。大半はつまらない話だったけれども、少なくとも、アドラー嬢についてはかなりの情報を得ることができたよ」

「どんな女性なんだね?」

「町中の男性を虜にしているんだ。容姿端麗。暮らしぶりは静かで、コンサートで歌い、毎日5時に出かけ、7時に夕食に帰ってくる。出入りのある男の客はひとりだけ。ゴドフリー・ノートンという弁護士だ。1日1度、時には2度やってくる。男前な若者らしい。

馬番の話を聴いたあと、しばらくあたりの道を歩き回った。ゴドフリー・ノートンとは何者か? アイリーンが王から身を守るために彼を雇ったのならば、写真を彼に渡しているだろう。でも、恋人だったら、写真を渡しているとは考えにくい。

我正在路上走着，只见一辆马车在她家门口停下。一位和养马人所说的打扮一模一样的绅士跳了下来。他在她家里呆了半个小时，能看见他挥舞着胳膊说话的样子。但是我没看见阿德勒小姐。然后他跳上马车，喊着'去圣莫尼卡教堂'。

正当我准备拦一辆马车跟着他时，一个女人从屋里跑了出来，上了她的马车。那是一个颇有姿色的女人。看到她的长相就不难理解男人们为什么会为她拼命了。

'去圣莫尼卡教堂。快点。'她对车夫说。

就在这时，一辆马车驶了过来。我急忙跳上马车，大声喊道：'圣莫尼卡教堂。尽量快一点。'

这辆马车很快。我以前从未坐过如此快的马车。当我到达教堂时，前面的两辆马车都已是空的了。只有气喘吁吁的马和马车停在入口处。我假装是一个普通的围观者，径直走向教堂的深处。突然，戈弗雷·诺顿以全速向我冲过来。我吓了一跳。

'啊，神啊，感谢您。'他说。'你可以的。快跟我来。'

'你到底要干什么？'我问他。

■ 打扮 [動] いでたち　■ 一模一样 [形] 瓜二つ　■ 挥舞 [動] 振りかざす　■ 胳膊 [名] 腕
■ 喊 [動] 叫ぶ　■ 颇有姿色 [形] 魅力的、非常にきれい　■ 长相 [名] 容貌　■ 拼命 [動] 命がけ
で〜する　■ 教堂 [名] 教会　■ 气喘吁吁的 [形] はーはーと喘ぐ　■ 围观者 [名] 傍観者、見物
人　■ 径直 [副] まっすぐに、直ちに　■ 深处 [名] 奥、深いところ　■ 吓了一跳 びっくりする、
驚く

　歩いていると、馬車が彼女の家の前に止まるのが見えた。馬番が言っていたとおりのいでたちの紳士が飛び降りた。彼は30分ほど彼女の家の中にいて、腕を振りながら話をしているのが見えた。アドラー嬢の姿は見えなかった。それから彼は馬車に飛び乗り、『セント・モニカ教会へ』と叫んだ。

　馬車をつかまえて後を追おうかと思っていたところへ、家から女が飛び出してきて、彼女の馬車に乗り込んだ。魅力的な女性だった。男が命を捧げるのもわかるような風貌だった。

　『セント・モニカ教会へ。急いで』と彼女は御者に言った。

　その瞬間、一台の馬車が通りかかった。僕は急いで飛び乗り、叫んだ。『セント・モニカ教会。できるだけ急いでくれ』

　馬車は速かった。あんなに速い馬車に乗るのは初めてだった。教会に着いたときには、前の2台の馬車の中は空っぽ。まだ息がはずんでいる馬と馬車だけが玄関前に停車していた。僕はごく普通の見物人のふりをして、教会の奥へと進んでいった。すると突然、ゴドフリー・ノートンが僕に向かって全速力で駆け寄ってきたんだ。驚いたよ。

　『ああ、神様、感謝します』と彼は言った。『君ならできる。来てくれ、さあ』

　『いったい何ですか』と聞いたが、

'来吧。快点儿,到这边来。只剩3分钟了。不然我们将得不到法律的许可。'

他把我生拉硬拽到祭坛前,让我重复了那些他在我耳边说的话。愿站在那里的男人和女人成为一对夫妇之类的。想到我是唯一被邀请参加他们婚礼的人,就觉得很好笑,我先前就忍不住笑了出来。

牧师告诉他们,在没有证人的情况下无法举行婚礼。所以诺顿先生才会慌慌忙忙的。仪式结束后,新娘给了我一枚金币。

我想,如果他们俩一起离开教堂,就很难把照片拿回来了。但那个男人独自上了马车,女人则回了家。'我会像往常一样,5点钟坐马车去公园。'她在离开时对那个男人说。之后说了什么我就没听见了。我为了把自己的事安排好就先回来了。"

"自己的事?"
"就是吃晚饭。还有,向你说明我想让你帮忙的事。"

"没问题。"我回答说。
"华生,我真的很需要你。我必须在阿德勒小姐从公园回来之前赶到她家。这会有一些麻烦。我想我应该会被抬到她家去。但你必须保证不插手。我希望你只做我要你做的事。你呆在客厅的窗户附近就好了。"

■ 许可 [名]許可、認可 ■ 生拉硬拽 [動]強引に引っ張る ■ 重复 [動]復唱する、繰り返す ■ 邀请 [動]招く、招待する ■ 忍不住 我慢できない ■ 举行 [動](式を)あげる ■ 慌慌忙忙 的 [形]慌てる ■ 仪式 [名]儀式 ■ 金币 [名]金貨 ■ 独自 [副]一人で、単独で ■ 像往常 一样 いつも通り ■ 安排 [動]手筈を整える

『来てくれ。さあ、こちらに。3分しかないんだ。でないと法的に認められなくなる』

　彼は僕を引きずるようにして祭壇に連れて行き、僕は耳元でささやかれた言葉を復唱した。そこに立っている男女が夫婦となれるようにね。僕がふたりの結婚式に招かれた唯一の人間になったのかと思うとおかしくて、さっき思わず笑いがこみあげてきたんだ。

　牧師は彼らに、立ち会い人がいないと結婚を認めないと言ったんだ。だからノートン氏は慌てていたんだよ。式の後で、花嫁は僕に金貨を一枚くれた。

　彼らが教会からふたりで一緒に去ってしまったら、写真を取り戻すのが非常に難しくなると考えた。でも、男はひとりで馬車に乗り、女は自宅に戻った。『いつものように、5時に馬車で公園へ』と、彼女は別れ際に男に告げた。それ以上は聞こえなかった。僕は自分の手筈を整えるために戻ってきたんだ」

「手筈って?」

「夕食をとること。そして、君に、これから協力してほしい仕事の説明をすること」

「よろこんで」と僕は答えた。

「ワトソン君、僕は本当に君を頼りにしているんだ。アドラー嬢が公園から戻ってくるまでには、彼女の家に着いていなくてはならない。ちょっと面倒なことになるだろう。僕は彼女の家へ運ばれていくことになると思う。でも、手出しをしないと約束してくれ。僕が指示したことだけをしてほしいんだ。居間の窓の近くに待機していてくれ」

"明白了。"

"然后你看着我就好了。"

"好吧。"

"当我举起手时，你就把我要给你的东西扔进房间。然后大喊'着火了'。明白了吗？"

"明白了。"

接着，福尔摩斯从他的口袋里掏出一个棕色的管子，递给了我。

"这不是什么危险的东西。当你把它扔进房间，它就会着火。如果你喊'着火了'，就会有很多人跑过来。你从房子里出来，走到街道的角落去。10分钟后我们在那里见。明白了吗？"

"嗯。"

"好嘞。"

福尔摩斯又一次消失在他的卧室里。几分钟后，当他出来时，他已经完全变了一个人——一个戴着黑边帽、穿着宽大长裤、打着白领带的简单、善良、微笑着的牧师。他用整个人来扮演牧师，而他的心智，也似乎完全嵌入了新的角色。如果这个人去演戏，他将成为一个伟大的演员。如果他在实验室工作，他将成为一名伟大的科学家。

■ 口袋 [名]ポケット　■ 掏出 [動]取り出す　■ 棕色的 [形]茶色の　■ 管子 [名]筒　■ 递给 [動]～に渡す　■ 危险的 [形]危険な　■ 东西 [名]もの　■ 角落 [名]角　■ 领带 [名]ネクタイ　■ 扮演 [動]演じる　■ 嵌入 [動]はめこむ　■ 角色 [名]役、キャラ　■ 伟大的 [形]偉大な　■ 科学家 [名]科学者

「わかった」

「そして僕を見ていてくれ」

「ふむ」

「僕が手を挙げたら、これから渡すものを部屋の中に投げ込んでくれ。そして『火事だ』と叫ぶんだ。わかったかい?」

「了解」

それからホームズは、ポケットから茶色の筒を取り出して私に渡した。

「危険なものではないよ。部屋に投げ込んだら火が付くはずさ。『火事だ』と叫べば、大勢の人が駆けつける。君は家から離れて、通りの角まで歩いていってくれ。そこで10分後に会おう。わかったかい?」

「ああ」

「よし」

ホームズは再び寝室に姿を消した。そして数分後に出てきた時には、すっかり別人の姿——黒いつばひろ帽に幅広ズボン、白いネクタイというでたちで、素朴で人のよさそうな笑顔の牧師——に変身していた。彼は全身で牧師を演じ、心もまた、新しい役になりきっているようだった。この男、演劇界に進んでいたらさぞかし素晴らしい俳優になっていただろう。実験室にいたら偉大な科学者になっていただろう。

我们在阿德勒小姐从公园回来的 10 分钟前赶到了她家。街上的路灯亮了起来，夜幕即将来临，但街上依旧很热闹。街上有一群说不上有多体面的男人。其中，有两名侍卫正在和一名女仆聊天，其他几个衣着讲究的年轻男子在街上来回踱步。

　　"那张照片对阿德勒小姐来说应该也是个麻烦。"福尔摩斯对我说。"我相信她不希望诺顿先生看到那张照片，就像国王不希望公主看到它一样。问题是'照片放在哪儿'。"

　　想必她不会随身携带吧。它太大了。也许是放在银行或律师那儿。但想到国王说的话，她写信说要在一两天之内使用这张照片。如果是那样的话，她应该会把它放在身边。也就是她自己的家里。"

　　"但是，国王两次雇人闯进她家，试图偷走照片，但都无功而返。"
　　"嗯，因为那些人不知道应该上哪儿找。"
　　"但是，我们要怎么找呢？"
　　"我们不去找。"
　　"那你打算怎么办？"

■ 路灯 [名]街灯　■ 夜幕 [名]夜の帳　■ 热闹 [形]賑やか　■ 侍卫 [名]近衛兵　■ 聊天 [動]おしゃべりをする　■ 衣着讲究的 [形]身なりに凝った　■ 随身携带 [動]持ち歩く　■ 闯进 [動]押し入る　■ 试图 [動]〜しようとする　■ 偷走 [動]盗み取る　■ 无功而返 [動]手ぶらで帰る、無駄に終わる　■ 打算 [動]〜するつもり

　アドラー嬢が公園から戻る予定の時刻の10分前に、私たちは彼女の自宅に到着した。街灯に明りがともされ、夜の帳がおりつつあったが、通りは賑やかだった。男性の一団――上品とはいえない集団――がいた。二人の近衛兵が女中としゃべっていたり、めかしこんだ青年たちが通りを行ったりきたりしていた。

　「あの写真は、アドラー嬢にとってもやっかいなものだろう」とホームズが私に言った。「王が王女にあの写真を見られたくないのと同様、彼女だってきっとノートン氏に見られたくないだろうよ。問題は『写真はどこにあるか』だ。

　おそらく、持ち歩いているなんてことはないだろう。大きすぎる。銀行か、弁護士といったところか。でも王が言っていたことを考えると、彼女は写真を一両日中に使うつもりだと手紙に書いてきた。それなら、手元に置いているはずだ。自宅の中にね」

　「でも、王が二度も人を雇って自宅に押し入り、盗ませようとしたけれど、見つからなかったんだよ」
　「ふん、やつらは探すべき場所を知らないのだ」
　「でも、どうやって捜すんだ?」
　「捜しはしない」
　「ではどうするつもりだ?」

"让她来告诉我们。"

"那不可能吧。"

"没事，她会告诉我们的。她过来了。照我说的做。"

阿德勒小姐的侍卫冲到马车前，打开车门。但街上的几个流浪汉也冲到马车前，争着帮助这位美丽的女士下车，只为得到一点赏钱。他们为了得到这项权利而发生了争执。乔装打扮了的福尔摩斯为了保护阿德勒小姐，跳进了那几个男人的中间。就在快挤到她面前时，他尖叫一声，倒了下去。鲜血从他的脸上流了下来。看到他脸上的血，那几个粗暴的男人便跑开了，几个善良的人把小姐带到家里，并照顾了伤者。在进屋之前，阿德勒小姐回头看了看街上的状况。

"那位可怜的男士伤得很重吗？"

"他死了。"有个人说。

"不对，他还活着。但只是时间的问题。"又听见另一个人说。

"他还有气息呢。"又有一个人说道。"他是一个多么善良的人啊。如果不是他跑过来保护你，你早就被那几个粗暴的男人把包抢了去。可以把他抬到你家里去吗，一会儿也行啊，夫人？"

"当然可以了。"

■ 流浪汉［名］浮浪者、ホームレス　■ 赏钱［名］チップ、(ご褒美としての)小銭　■ 权利［名］権利　■ 争执［動］喧嘩、争い事　■ 乔装打扮［動］変装する　■ 尖叫［動］叫び声を上げる　■ 回头［動］振り返る　■ 可怜的［形］かわいそうな　■ 抢［動］奪う

「彼女に教えてもらうんだ」

「それは無理だろう」

「いや、教えてくれるさ。彼女が来たね。言ったとおりに行動してくれ」

　アドラー嬢の近衛兵が馬車に駆け寄り、扉を開けた。しかし、通りにいた浮浪者たちも、美しい女性が馬車から降りるのを手伝って小銭を得ようと馬車に突進してきた。誰がその権利を得るかで喧嘩が始まった。変装したホームズはアドラー嬢を保護しようと、男たちの群れの中に飛び込んでいったが、彼女までたどりつく寸前に、叫び声を上げて倒れてしまった。顔からは血が流れていた。その血を見て、荒くれ男たちは逃げだし、親切な男たちが婦人を自宅へ連れていき、負傷した男を介抱した。家に入る前に、アドラー嬢は通りを振り返った。

「あの気の毒な男性のお怪我はひどいのでしょうか?」

「死んだよ」と誰かが言った。

「いや、まだ生きている。でも、時間の問題だ」と別の声があがった。

「まだ息はありますよ」とまた別の誰かが言った。「なんて親切な方でしょう。あの方があなたを守ろうと走ってこなかったら、あなたは乱暴な男たちにバッグを盗まれていましたよ。少しの間、お宅に運びこむわけにいきませんか、奥様?」

「もちろんです」

　　福尔摩斯用这种方法进入了她家，我不知道他一直躺在那里是什么感受。但我为此感到一种前所未有的羞愧，只因为我们给这样一位仁慈善良的女性下了圈套。但我已经答应了他，于是我狠下心，从大衣里面掏出一个烟雾弹。福尔摩斯坐起身来，向我示意了一下。我便把烟雾弹扔了进去，喊道"着火啦"。不一会儿，一群人就冲进了屋里，而我就像事先约好的一样跑向了街角。10分钟后，我和同伴碰面了。我们走了一会儿，谁也没有开口。

　　"你做的很棒，华生医生。"福尔摩斯开口说道。
　　"照片到手了吗？"
　　"还没有。但是我知道在哪儿了。"
　　"你是怎么知道的？"
　　"这很简单。我脸上的血是红色的颜料。但是，她觉得我很可怜，于是把我抬进了家里。而作为一个女人，如果她认为自己的房子着火了，她就会跑向自己最为珍视的东西。烟雾和尖叫声起到了完美的作用。她冲向藏在墙壁镶板后面的那张照片。当我喊出这是个假警报，没有危险时，她就把照片放回镶板后面，跑出了房间。于是我也从房间里溜了出来。"

■ 羞愧 [形] 恥ずかしい　■ 给～下圈套 ～にわなをかける　■ 答应 [動] 約束する　■ 狠下心 心を鬼にする　■ 同伴 [名] 仲間　■ 颜料 [名] 絵の具　■ 珍视 [動] 大切にする　■ 镶板 [名] 羽目板　■ 假警报 [名] 誤報

　ホームズがこんな方法を使って彼女の自宅に入り、横たわったままどう感じているのか、私にはわからない。しかし私は、このような慈悲深い親切な女性をわなにかけていることに、かつてないほどの羞恥心を感じていた。でも、私は彼と約束していたので、心を鬼にして、コートの下から発煙筒を取り出した。ホームズが起き上がり、こちらに合図を送った。私は発煙筒を投げ込み、「火事だ!」と叫んだ。またたくまに群衆が家に押し寄せ、私は約束した通りの角を目指して走った。そして10分後、友と落ち合った。私たちはしばらくの間、黙って歩いた。

　「すばらしかったよ、ワトソン先生」とホームズは口を開いた。

　「写真は手に入った?」

　「いや。でも場所はわかった」

　「どうやって?」

　「ごく簡単なことだよ。僕の顔の血は赤い絵の具さ。でも、彼女は気の毒に思って、家に入れてくれた。そして女性というものは、家が火事になったと思えば、自分が一番大切にしているもののところへ駆け寄る。煙と叫び声が完璧に作用したよ。彼女は壁の羽目板の後ろに隠した写真に駆け寄った。僕が誤報だ、危険はないと叫ぶと、彼女は写真を羽目板の後ろに戻し、部屋から走り出た。僕も部屋から抜け出したというわけさ」

"那么，我们现在要做什么呢？"

"明天，我们和国王陛下一起去找她。我想我们会在客厅里等她。当她进来的时候，我们和照片都已经不见了。陛下也会很高兴拿回照片的。"

"我们几点钟去？"

"早上8点。自从她结婚后，她可能完全改变了生活习惯。"

05

3

第二天清晨，当我们正在吃吐司喝咖啡时，波西米亚国王冲进我们的房间。

"东西到手了吗？"

"还没有。"

"但是你们有把握吧？"

"对，有的。"

"那我们走吧。"

■ 改变 [動] 変わる、変える　■ 习惯 [名] 習慣　■ 清晨 [名] 早朝　■ 吐司 [名] トースト
■ 咖啡 [名] コーヒー　■ 到手 [動] 手に入れる　■ 把握 [名] 見込み

「それで、これからどうする?」

「明日、陛下と一緒に訪ねることにしよう。居間で彼女を待つことになると思う。彼女が入ってきた時には、僕らも写真も消えているというわけだ。陛下も写真を手元に取り戻せて、お喜びになることだろう」

「何時に行く?」

「朝8時。結婚して生活習慣がすっかり変わっているかもしれない」

<h1 style="text-align:center">3</h1>

　翌朝早く、私たちがトーストとコーヒーを摂っていると、ボヘミア国王が部屋に駆け込んできた。

「手に入れたのか?」

「いいえ、まだです」

「だが、見込みはあるのだな」

「ええ、ございます」

「では、行こう」

"艾琳·阿德勒已经结婚了。"福尔摩斯对国王说。

"结婚了？和谁？"

"和一个叫诺顿的英国律师。"

"她不可能爱上那种男人。"

"我倒是希望她爱诺顿先生。"

"为什么？"

"因为，如果她爱着他，就不会爱陛下您。如果她不爱陛下您，她就不会干涉陛下您的计划。"

"的确如此。但她也能成为一个出色的王妃，只要她的身份再高贵一些……"

国王在去阿德勒小姐家的路上都没有再开口。一位上了年纪的女人已经在门口等着了。

"您就是夏洛克·福尔摩斯吧。"她说。

"没错。我就是福尔摩斯。"我的朋友回答说，并用一种充满惊讶的眼神看着她。

"是嘛。夫人告诉我您今天早上会来。她一早就和她的先生一起去法国了。"

"什么？你的意思是她现在不在英国？"

"是的。她再也不会回来了。"

"照片是拿不回来了啊。"国王叹息着说。

"我们先看看再说吧。"福尔摩斯说着，便急匆匆地进了屋。

■ 干涉［動］邪魔する　■ 计划［名］計画、プラン　■ 出色的［形］素晴らしい、優秀な　■ 急匆匆地［副］急いで（～をする）

「アイリーン・アドラーは結婚しました」とホームズは告げた。

「結婚だと?　誰とだ?」

「ノートンというイギリス人の弁護士です」

「彼女がそんな男を愛するはずがない」

「僕は、彼女がノートン氏を愛していることを望みます」

「なぜだ」

「なぜならば、彼女が彼を愛していれば、陛下を愛することはない。陛下を愛することがなければ、陛下の計画を邪魔することもないからです」

「その通りだ。だが、彼女なら素晴らしい妃になったことだろう。身分さえよければ……」

王はアドラー嬢の家に着くまで口を開かなかった。年配の女性が扉のところで待っていた。

「シャーロック・ホームズさんですね?」と彼女が言った。

「そうです。ホームズです」と友が答え、驚きに満ちたまなざしで彼女を見た。

「そうでしたか。奥様が、今朝あなたがお越しになるだろうとおっしゃったのです。奥様は旦那様と一緒に、今朝フランスへお発ちになりました」

「なんですと?　つまり彼女はイギリスにいないということですか?」

「ええ。二度とお戻りにはなりません」

「写真は取り戻せないのか」と王はうめいた。

「確かめましょう」とホームズは言って、家の中へ急いだ。

当他拉开镶板时，只见里面有一张照片和一封信。于是他抽出来看了看，照片上是艾琳·阿德勒穿着晚礼服的样子。信封上写的收信人是夏洛克·福尔摩斯先生。信的内容如下：

亲爱的夏洛克·福尔摩斯先生

您是一位绝顶聪明的先生。但就在火灾发生后，我意识到了您的真实身份。几个月前，我曾被提醒过。很难想象那位善良的牧师是个坏人——您当时演得真好。但我自己也曾乔装打扮尾随您到家门口，并且发现国王陛下向您求助的事。我征求了我先生的意见，做出了与其和您抗争不如离开英国的决定。

至于照片，请国王陛下放宽心。我爱上了更好的人，也为他所爱。陛下可以随心所欲地行事。陛下虽然曾对我很残忍，但我不会阻挡他前进的道路。我带着这张照片，只是为了让陛下不干涉我的未来，仅此而已。如果陛下想要，尽可以留下这张照片。让我们就此别过。

致亲爱的夏洛克·福尔摩斯

艾琳·诺顿（旧姓 阿德勒）

■ 晚礼服 [名] イヴニング・ドレス　■ 收信人 [名] 宛名　■ 绝顶聪明的 [形] 大変に頭の切れる
■ 提醒 [動] 警告する、リマインドする　■ 尾随 [動] 尾行する　■ 征求 [動] 尋ね求める　■ 放宽心 ご安心ください　■ 随心所欲地 [副] お心のままに　■ 阻挡 [動] 邪魔する、阻む

羽目板をひきはがすと、写真と手紙があった。引っ張り出してみると、イヴニング・ドレス姿のアイリーン・アドラーの姿だった。封筒の宛名は、シャーロック・ホームズ様となっていた。文面は次のとおりである。

親愛なるシャーロック・ホームズ様

　あなたは大変に頭の切れるお方でございます。でも、火事の後で、私はあなたの真の姿に気付いたのです。数ヵ月ほど前、警告されたことがありました。あの親切な牧師様——あなたは本当にうまく演じていらっしゃった——を悪く思うのは辛いことでした。でも、私自身も変装してあなたの後をつけ、お宅の戸口まで行き、そして、陛下があなたに助けを求めたことを知りました。私は夫に相談し、あなたと闘うよりもイギリスを去るのが良いだろうと決めたのでございます。

　写真については、陛下のご心配にはおよびません。私はもっと素晴らしい人を愛し、愛されています。陛下はお心のままになさいませ。陛下は私に冷酷な仕打ちをなさいましたけれども、私は陛下の邪魔をするようなことはいたしません。私は例の写真を持っていきますが、それは、陛下が私の未来の邪魔をなさらないようにするため、それだけのことです。こちらの写真は、陛下がお望みならばお持ち下さい。ではこれで失礼いたします。

親愛なるシャーロック・ホームズ様へ
アイリーン・ノートン（旧姓アドラー）

看到信，国王喊了出来。"这个女人太了不起了！她是一个能成为优秀王妃的人。"

"她真是一个聪明的人。"福尔摩斯说。"没能拿回照片我感到很遗憾。"

"正相反。"国王说。"她是一个正直的女人。现在我确信了。不需要担心照片的事了。那照片就相当于是被扔进了火里。"

"听到陛下您这么说，我感到很高兴。"

"我想答谢你。这个绿宝石戒指怎么样？"

"陛下您有更值钱的东西。"

"是什么？"

"这张照片。"

国王吃了一惊，他目不转睛地看着福尔摩斯。

"你说的是艾琳的照片？行吧。你想要的话就拿去吧。"

"非常感谢。这件事已经了结了。祝您愉快。"福尔摩斯向国王行了一个礼，接着便和我一起回家了。

在我的记忆中，这是福尔摩斯的计划被一个女人挫败的唯一一次。从那以后，我再也没有听到福尔摩斯说过任何贬低女性的话。每当他谈到艾琳·阿德勒时，他总是会使用"那个女人"这一尊称。

■ 正相反 [形]真逆な ■ 值钱的 [形]値打ちがある ■ 目不转睛地看着 じっと見つめる
■ 了结 [動]解決する ■ 祝您愉快 ごきげんよう ■ 记忆 [名]記憶 ■ 挫败 [動]破綻させる、挫く ■ 贬低 [動]軽んじる、貶す ■ 尊称 [名]敬称

　手紙を読み、王が叫んだ。「なんという女だ!　彼女なら素晴らしい王妃となったのではなかろうか」

　「本当に賢いお方です」とホームズが言った。「写真を取り戻すことができなかったことを遺憾に思います」

　「その逆だ」と王は言った。「彼女は高潔な女性だ。今、私は確信している。写真のことは心配する必要はない。火にくべたようなものだということをね」

　「陛下にそう言っていただき、大変嬉しく思います」

　「礼をしたい。このエメラルドの指輪はどうだ?」

　「陛下はもっと価値あるものをお持ちです」

　「それは何か?」

　「この写真です」

　王は驚いて、ホームズを見つめた。

　「アイリーンの写真だと?　よろしい。望むのであればもっていきなさい」

　「ありがたく存じます。この事件は解決しました。ごきげんよう」と陛下に一礼すると、私と一緒に自宅へ戻った。

　これが、ホームズの計画がひとりの女性によって破綻させられた、私が憶えている限り唯一の事件である。それ以来、ホームズが女性に関して軽んじたことを言うのを聞いたことがない。彼がアイリーン・アドラーについて話すときはいつも、「あの女性（ひと）」という敬称を使うのである。

覚えておきたい中国語表現

> 我只是作为全国性报纸的一名读者得知的这些事情罢了。(p.10, 8-9行目)
> 全国紙の一読者として情報を得ているにすぎなかった。

【解説】"只是〜罢了"は、ある行動や事実がその範囲内で完結し、それ以上の意味や重要性を持たないことを強調するために使われます。「取るに足りない／あまり重要ではない」という意味から、例文③のようにネガティブな評価を行うときに用いられることが多いです。

【例文】

① 这次出去玩只是放松心情罢了，不是为了工作或学习。
　　今回は気晴らしに旅に出かけるだけで、仕事や勉強のためではない。

② 那个消息只是谣言罢了，不要太当真。
　　あの情報は単なる噂だから、あまり真に受けないでね。

③ 那家公司的道歉只是为了维护形象罢了。
　　あの会社の謝罪は、イメージを保つためのものに過ぎない。

> 我按了按门铃，福尔摩斯打开门，招呼我进去。(p.10, 下から6-5行目)
> 呼び鈴を鳴らすと、ホームズは扉を開け、部屋に招き入れてくれた。

【解説】"按了按"は、鳴らす（押す）という動作を強調しており、その行為の軽やかさや一瞬的な動作を示すために重ねて使われています。それに類似した表現には、"看了看""闻了闻""听了听"などがあります。

【例文】

① 她看了看手表，意识到时间已经不早了。
　　彼女は時計をちらっと見て、もう遅い時間になっていることに気づいた。

② 我闻了闻新鲜出炉的面包，口水不禁流了出来。
　　焼きたてのパンの香りに、口が潤んだ。

　　※直訳：焼き立てのパンの匂いを嗅いだら、よだれが出てきた。

46

③ 他听了听音乐的旋律，情不自禁地开始打节拍。

彼は音楽のメロディに耳を傾け、思わずビートを刻み始めた。

但是，除非你向我解释，否则我什么也看不到。（p.12，下から2-1行目）

でも、君に説明してもらうまで、何も見えないんだよ。

【解説】"除非"は「～でない限り」という意味で、後に続く条件が満たされない場合に起こる結果を示します。"否则（でないと）"とペアで使うことで、話し手の決心や意志の強さを強調することができます。

【例文】

① 除非她亲口对我说她不喜欢我，否则我是不会放弃的。

彼女が自分から「私のことは好きじゃない」と言うまで、あきらめないからね。

② 除非天塌下来，否则没有什么能阻止我去上班。

空が落ちてこない限り、仕事に行くのをやめることはできないよ。

※"除非天塌下来"は、「～を絶対にやり抜く／やめない」という強い意志を表すときに使われる便利な表現です。

③ 除非我中了彩票，否则我是不会在东京买房的。

宝くじでも当たらない限り、東京で家を買うことはないでしょうね。

你一进这个房间，我就认出你了。（p.18，6-7行目）

この部屋に入っていらしたとたんにわかりました。

【解説】この表現は、二つの動作や出来事がほぼ同時に起こることを表します。最初の動作が行われるとすぐに、次の動作が行われます。この文では、"一进这个房间"が最初の動作、"我就认出你了"が次の動作となっています。直訳すると「～するとすぐに～する」となります。

覚えておきたい中国語表現

【例文】

① 一有问题我们就必须解决。

問題が起きたらすぐに解決しなければならない。

② 他一坐飞机就会不自觉的全身发抖。

彼は飛行機に乗ると無意識に全身が震えるのだ。

③ 我一看见她就想起了之前她对我说的话。

彼女の姿を見た瞬間、この前彼女に言われたことを思い出した。

我征求了我先生的意见，做出了与其和您抗争不如离开英国的决定。
（p.42，9-10行目）

私は夫に相談し、あなたと闘うよりもイギリスを去るのが良いだろうと決めたのでございます。

【解説】"与其〜不如〜"は、ある選択肢を別の選択肢よりも好ましいと考えるときに使われる表現です。日本語の「〜するよりも〜（むしろ〜）」と同じ意味です。

【例文】

① 与其拖延时间，不如立即着手解决问题。

問題を先延ばしするよりも、即座に解決に取り組む方がいい。

② 与其抱怨现状，不如积极寻求改变的方法。

現状を不平に思うよりも、積極的に打開策を模索する方がいい。

红发会

赤毛組合

今日の依頼人は燃えるような赤毛の質屋の主人だ。
「赤毛組合」という不思議な組合の会員に選ばれ、1日4時間、
百科事典を筆写するだけで週給4ポンド（約10万円）という
夢のような仕事にありついたのだが、
その組合が突然無くなってしまったので調べてほしいという……

『ボヘミアの醜聞』の翌月、『ストランド』誌に掲載された2番目の作品。
前回の依頼人は国王だったが、今回は質屋の主人。
依頼内容も写真を取り戻すことから、
不可解な身の回りの出来事の解明になっているが、
あふれるサスペンスと、あっと驚く結末は変わらない。
この作品によりホームズの人気は不動のものになった。

ホームズ物語のなかでも1、2を争う傑作で、これ以後、
この奇抜なトリックを使った多くの小説や映画が生まれている。

06

红发会

　　去年秋天的一天，我到朋友夏洛克·福尔摩斯家里去拜访，他正在和一个比他年纪大的，身材魁梧的红发男子谈话。我想我应该回避一下，正准备离开，福尔摩斯一把拽住了我的胳膊，把我拉回房间，同时关上了门。

　　"你来得正是时候，华生。"福尔摩斯笑着说。

　　"你看上去很忙啊。"

　　"的确如此。"

　　"那我就在隔壁房间等你吧。"

　　"那倒不至于。威尔逊先生，请允许我向你介绍我的朋友华生。他一直在帮我处理所有的案子。我相信他也能帮助我处理你的案子。"

■ **年纪大的** ［形］年上の　■ **身材魁梧的** ［形］がっちりした、たくましい　■ **正是时候** ちょうどいいところ　■ **隔壁** ［名］となり　■ **不至于** ［動］〜するまでには至らない　■ **案子** ［名］案件、事件

赤毛組合

　去年の秋のある日のこと。友人のシャーロック・ホームズ宅を訪れた
ら、彼はがっちりした年上の赤髪の男と話し込んでいる最中だった。失礼
したほうが良いと思い帰りかけたが、ホームズがドアを閉めつつ、私の腕
を取って部屋に引き戻した。

　「丁度いいところに来てくれたよ、ワトソン君」ホームズが笑いながら
言った。

　「忙しそうだな」

　「その通りだ」

　「では隣室で待とう」

　「それには及ばないよ。ウィルソンさん、友人のワトソンを紹介させて
ください。私の扱う事件全部で手伝ってもらっています。あなたの事件で
も助けてくれると思いますよ」

那个高大的男人站起来，迅速地鞠了一躬，但他的小眼睛里充满了怀疑。

"你坐在沙发上吧。"福尔摩斯在他经常坐的椅子上坐下，并对我说。"你对我处理的那些与世俗相去甚远的，不同寻常的案件很感兴趣吧。毕竟你把其中的很多都作为故事记录下来了。"

"我总是对你的案件很感兴趣。这是事实。"我回答说。

"我不是前几天才告诉你嘛。生活本身就是最离奇的，它充满了超出我们能想象到的最大胆的情况。"

"而我对此表示怀疑。"

"好吧，华生医生。但当我让你看过大量事实之后，你很快就会改变主意，看法也会变得和我一样。这位威尔逊先生今天早上来找我，给我讲了一个故事。正如我多次对你说的那样，最奇怪的事件总是伴随着那些最轻微的犯罪。虽然我还没有听完威尔逊先生的故事，但它似乎是我听过的最离奇的故事。"

■ 鞠了一躬　一礼する、お辞儀をする　■ 怀疑 [名]懐疑　■ 沙发 [名]ソファー　■ 与〜相去甚远 [形]〜とかけ離れた　■ 故事 [名]物語　■ 离奇 [形]奇妙な、変わった　■ 主意 [名]考え方、見方

　がっちりした男は立ち上がって、すばやく一礼したが、その小さな目は不審げであった。

　「ソファにかけてくれ」ホームズはいつもの自分の椅子に座りながら、私に言った。「君は、僕が扱う、平凡な日常とはかけ離れた、変わった事件に興味を持っているね。沢山の事件を話として記録したからね」

　「君の扱う事件には、つねに興味があるよ。それは本当だ」私は答えた。

　「つい先日も君に言ったじゃないか、人生そのものの方が、最も奇異で、我々の想像を超える大胆な状況をはらんでいるものだと」

　「そして私はそれを疑問視した」

　「そうだ、ドクター、しかし沢山の事実を君に示して、君もすぐに考えを変えて私と同じ見方をするようにしよう。ここにいるウィルソン氏は今朝、ある話をしに来てくれた。君に何度も言ったように、最も奇妙な出来事というのは、最も軽微な犯罪に伴って起きるものだよ。ウィルソン氏の話はまだ全部を聞いたわけではないが、今まで耳にした中で一番風変わりなもののようだ」

"威尔逊先生，请你再从头说一遍。这不只是为了华生先生，包括我自己在内，也想再听你一字一句地亲口说一遍，毕竟这件事太过离奇。通常一旦开始事件的调查，我就会想起几千个类似的案件，以便作为参考。但是这一次，我连一个类似的案件都想不起来。各种相关联的事实只能说是与众不同。"

于是，这个大个子男人从他西装的内袋里抽出一页报纸，把广告的部分铺在他的膝盖上。我仔细观察着他，试图判断出他是什么样的人。

然而我几乎看不出什么来。他看上去就是一个普普通通的劳动者，肥胖、骄傲、头脑迟钝。他穿的衣服又旧又破。他唯一不寻常的地方就是他那火红色的头发和惨淡的面相。

夏洛克·福尔摩斯观察着我。他笑着说："我知道威尔逊先生是个劳动者，有虔诚的信仰，去过中国，最近还写了很多东西。其他的事情我就不清楚了。"

威尔逊先生听到福尔摩斯说了这么多，似乎显得很惊讶。

"你怎么会对我有这么多了解？"

■ 从头说 最初から話す　■ 包括 [動] 含む　■ 类似的 [形] 類似した　■ 相关联的 [形] 絡み合っている　■ 广告 [名] 広告、コマーシャル　■ 肥胖 [形] 肥満　■ 骄傲 [形] プライドが高い　■ 头脑迟钝 頭の回転が鈍い　■ 又旧又破 古くてボロボロ　■ 火红色的 [形] 燃えるような赤色の　■ 惨淡的 [形] 惨めな　■ 面相 [名] 顔つき　■ 虔诚的 [形] 信心深い

「ウィルソンさん、もう一度最初から話してください。ワトソン氏のためだけではなく、あまりに風変わりな話ですから、私自身もあなたの口から再度、一言一句を聞きたいのです。通常は事件の調査を始めたら、何千もの似たようなケースを思い浮かべて参考にすることができる。しかし今回は、類似したケースなど一つも思いつかない。関係する諸事実は、どう表現しても、特異であるとしか言い様がない」

　そこで大柄な男は背広の内ポケットから新聞のページを引っ張り出し、膝の上に広告欄を置いた。私は、どういう人間かを見定めようとして、彼を注意深く観察した。

　だが読み取れたのはごくわずかだった。どこにでもいる労働者階級の男で、肥満、プライドは高く、頭の回転は鈍そうだった。着ている服は、古くて薄汚れている。唯一、変わっているのは、燃えるような赤毛と、惨めな顔つきだった。

　シャーロック・ホームズは私を観察していた。彼は笑って、「ウィルソンさんが労働者で、信心深く、中国に行ったことがあり、最近大量の書き物をしたということはわかっている。ほかには何もわからない」と言った。

　ウィルソン氏は、ホームズがこれだけ述べるのを聞いて驚いた様子だった。

　「どうしてそんなに私のことがわかるんですか?」

"嗯。"福尔摩斯开始说道。"你右手的肌肉比左手的肌肉发达得多。你一定是用右手干重活的吧。你外套上的徽章是你宗教信仰的体现。你右手袖子上 5 英寸闪闪发亮的边缘是你在桌上写字时在纸上摩擦而产生的,而你的左手肘部则由于架在桌上而产生了磨痕。"

"那中国的事要怎么解释?"

"你手上有刺青,这只有在中国才能纹到。那种浅粉色只有在中国才能找到。你的表链上还挂着一枚中国硬币。所以说,这些都是很容易看出来的。"

威尔逊先生大笑着说:"哈哈,起初我以为你用了什么魔术,原来如此简单啊。"

"对于揭穿秘密这种事,我会留有余地的,华生。如果我把一切都说出来了,那就没办法让人留下深刻印象了。你找到那则广告了吗,威尔逊先生?"

"在这里呢。"他用手指了指说道。"你自己看吧。"

福尔摩斯拿起那张报纸,将它读了出来。

■ 肌肉 [名] 筋肉　■ 重活 [名] 重労働　■ 徽章 [名] 記章　■ 闪闪发亮 きらきらする、テカテカに光る　■ 磨痕 [名] 擦り切れた痕跡　■ 表链 [名] 時計の鎖　■ 揭穿 [動] ばらす、暴露する

「うむ」ホームズは始めた。「あなたの右手の筋肉は左より余程発達しています。右腕で重労働をしたのでしょう。コートについている記章は宗教心の現れです。右袖の端5インチがテカテカに光っているのは、机に向かって書き物をした時に紙の上をこすったからで、左の肘は逆に机に乗せていたために擦り切れている」

「中国についてはどうなんです?」

「手に刺青がありますが、これは中国でしか入れられないものです。そのうすいピンク色は、中国でしか採れない。時計の鎖にも中国の硬貨がぶら下がっている。というわけで、ごく単純なことなのですよ」

ウィルソン氏は大笑いした。「ははあ、最初はなんか魔法でも使ったのかと思いましたが、単純なんですな」

「手の内をばらしてしまうのは考えものだな、ワトソン君。全部喋ったら、感銘を受ける人間がいなくなるじゃないか。広告がみつからないのですか、ウィルソンさん?」

「ありましたとも」指で差しながら言った。「ご自分で読んでください」

ホームズは紙切れを手に取って読み上げた。

07

"招聘红发男性一名。健康且强壮，年龄在21岁以上。简单劳动。工资：每周4英镑。周一上午11点亲自到办公室申请。请到弗利特街波普斯庭院7号的工会办公室找邓肯·罗斯。"

　　"这是怎么一回事？"我问道。

　　福尔摩斯高兴地笑着说："这的确很不可思议吧？威尔逊先生，接下来请告诉我们广告是如何改变你的生活的。请注意报纸上的日期，华生。"

　　"晨间纪事报，1890年4月27日发行的。正好是两个月前啊。"

　　"好的。威尔逊先生请您继续。"

　　"我在伦敦经营一家小当铺，几乎不赚钱。我曾经雇用过两个人，但现在我只能雇得起一个。那个人还是因为说为了学习手艺，只要一半的工资，我才雇的。"

　　"你雇的人叫什么名字？"

　　"文森特·斯波尔丁。他本来可以在其他地方赚更多钱的，但他执意要在我这儿工作，所以我也没什么好说的。"

　　"能找到一个愿意以低于正常水平的工资工作的人，你赚到了啊。我感觉这个人跟登广告的人一样奇怪。"

■ 招聘 [動]求む、募集する　■ 强壮 [形]強健　■ 简单劳动 単純労働　■ 办公室 [名]オフィス、事務所　■ 工会 [名]組合　■ 发行 [動]発行する　■ 伦敦 [名]ロンドン　■ 当铺 [名]質屋　■ 赚钱 [形]儲かる　■ 手艺 [名]技術、技能　■ 工资 [名]給料　■ 执意 [動]かたくなに、頑として　■ 赚到了 大儲けをした、ラッキー

　「求む、赤毛の男性一名。健康で強健、21歳以上であること。単純労働。給与:週4ポンド。月曜日11時に来所の上、応募のこと。フリート街、ポープス・コート7番地、組合事務所のダンカン・ロスまで」

　「これはどういうことです?」私は尋ねた。

　ホームズは嬉しそうに笑った。「本当に変わってるだろう?　ではウィルソンさん、次に広告があなたの人生をどう変えたか、話してください。新聞の日付に気をつけてくれ、ワトソン君」

　「モーニング・クロニクル紙、1890年4月27日付だ。丁度2ヵ月前だな」

　「よろしい。ではウィルソンさん?」

　「私はロンドンで小さな質屋をやっとりますが、ほとんど儲かりません。以前は2人雇っていましたが、今は1人しか置けません。その男も、商売を覚えるためということで半値で来るから雇えるんでして」

　「雇い人の名は何といいますか?」

　「ヴィンセント・スポールディングです。よそへ行けばもっと稼げるはずなんですが、うちで働きたいっていうんだから、こちらは何も言わないでおくことにしたのです」

　「通常より安い給料で働いてもいいという人間がいたのはラッキーでしたね。今の広告と同じぐらい奇特な奴だとは思いますがね」

"这家伙还行。不过也有一些问题。他一天到晚不停地拍照，然后又跑到地下室去洗照片。但总的来说，他是个好雇员。"

"他现在还在你那儿工作吗？"

"是的。他和他14岁的女儿在我那儿吃住，他女儿负责做饭和打扫。我没有其他在世的家人，所以我们三个人安静地生活在一起。那则广告改变了我的一切。都怪斯波尔丁把它递给我说'要是我的头发也是红色的就好了，威尔逊先生。'

'你为什么这么说？'我问他。

'这个只为红发男人准备的工作既轻松赚得又多。然而总是招不到足够的人。'他告诉我说。

你听我说，福尔摩斯先生。我这个人喜欢成天呆在家里。工作都是自己找上门来。几个星期不出门，只呆在家里和店里也是常有的事。但是斯波尔丁老是缠着我说，我就问了一嘴'是什么样的工作？'

'非常简单的活儿。你现在的工作也可以继续做。另外，一年还可以多赚200英镑呢。'

于是我也动心了。因为那笔钱数目可观。

'跟我详细说说。'我对他说。

■ 拍照 [動] 写真を撮る　■ 洗照片 写真を現象する　■ 负责 [動] 担当する　■ 做饭 [動] ご飯を作る　■ 打扫 [動] 掃除をする　■ 动心 [動] 心が動く、欲が出る　■ 可观 [形] 相当なものである

「奴は大丈夫ですよ。問題点もありますがね。四六時中、写真を撮っては地下に走って行って現像してやがる。だが全体としてはよくできた店員ですよ」

「今もあなたのところで働いているのですか?」

「そうです。奴と14歳の小娘が住み込みで、娘が料理と掃除をするんで。私には他に生き残った家族もいないので、3人で静かに暮らしています。あの広告が何もかも変えちまったんです。スポールディングがあれを持ってきて、『俺の髪も赤かったらなあ、ウィルソンさん』と言うので。

『なぜだ?』と聞いたら、

『この赤毛の男のための赤毛組合の仕事は楽な上に給料がいいんですよ。なのにいつも雇える人材が足りないんです』

よろしいですか、ホームズさん。私は家でじっとしてるのが好きなんです。仕事が向こうからやってきたんですよ。何週間も外へ出ずに、家と仕事場だけで過ごすこともあります。だがスポールディングがしつこく言うもんで、聞いたんですよ、『どんな仕事なんだ?』って。

『ものすごく簡単で、今の仕事も続けられるんですよ。それで、年に200ポンド余分に稼げるんですからね』

それで私も気になりだした、その金は使い勝手がありそうですから。

『詳しく話してくれ』と言いました。

'这个工会是由一位同情其他红发男性的美国百万富翁创建的。他把全部遗产留给了工会，以便可以资助任何有着红头发的人。'

'但是一定有成千上万的红发男人想要这些钱吧。'

'不，并没有那么多。对象必须有火红色的头发，而不是浅红色或深红色。如果你下周一去弗利特街的办公室，我相信你会拿到钱的。'

于是我决定去应聘。我还拜托斯波尔丁把房子和店铺都关了，和我一起去。他很高兴自己被放了一天假。

当我们在周一11点去到那里时，只见一大群人从东南西北各个方向朝着工会办公室涌来，其中不乏头发里只有一点红色的家伙。他们的红发真是千奇百怪，有草莓色、柠檬色、橙色、砖头色、爱尔兰猎犬色、猪肝色、粘土色。但是，斯波尔丁说他没有看到任何广告里说的火焰般的红色。人实在是太多了，我想马上回家，但斯波尔丁却不肯。他拖着我穿过人群来到办公室。我们不得不在数百人中来回穿梭。"

"这真是个有趣的故事。"福尔摩斯说。"请继续。"

■ 百万富翁 [名]百万長者　■ 创建 [動]設立する　■ 遗产 [名]遗産　■ 资助 [動]援助する
■ 成千上万的 [形]無数の、数が非常に多い　■ 应聘 [動]応募する　■ 千奇百怪 [形]非常に奇怪な　■ 人群 [名]人込み　■ 穿梭 [動]通り抜ける　■ 有趣 [形]面白い

『この組合ってやつは、ほかの赤毛の男に同情したアメリカの百万長者が設立したもので、遺産を全部この組合に残して、赤毛の男には誰でも資金援助できるようにしたんですよ』

『だが、金を欲しがる赤毛の男なんぞ、何千人もいるんじゃないか』

『いや、そんなに多くありませんよ。燃え立つような赤でなくちゃならないんで、薄い赤や暗い赤では駄目なんです。来週月曜日にフリート街の事務所に行かれたら、きっと金が入りますよ』

そこで私は応募することにしたんです。スポールディングにも、家と店を閉めて一緒に来るように頼みました。やつは一日仕事を休めて嬉しそうでしたよ。

そして次の月曜日の11時が来ると、まあほんのちょっと赤が混じっているだけのような髪の奴でも、北から、南から、東から、西から、組合事務所めがけて来るは、来るは。ありとあらゆる赤毛がいましたよ。イチゴ色、レモン色、オレンジ色、レンガ色、アイリッシュ・セッター犬の色、肝臓色、粘土色。だが、スポールディングが言っていて、広告にあったような燃え立つ赤は見当たりません。あまりの人の多さに、私はすぐに家に帰りたかったのですが、スポールディングが聞かないんですよ。群衆をぬって事務所まで私を引っ張っていき、何百もの人間のあいだを通り抜ける破目になりました』

「なんとも興味深い話だ」ホームズは述べた。「続けてください」

"办公室里有一个男人,坐在桌子对面。他对每个红头发的人都只问一个问题,然后就把他们赶了出去。似乎这个工作不是轻而易举就能得到的。但当我和斯波尔丁进去时,那人为了和我们单独交谈,甚至把门都关上了。

'这位是贾伯斯·威尔逊先生。'我的助手说。'他希望得到这个工作。'

'而且他很符合要求。'坐在桌子对面的人补充说道。那人站起身,一直盯着我的头发看了很久,看得我脸都涨红了。然后他突然走上前去,握住我的手,对我说祝贺我被雇用了。

'如果你不介意的话,我想再检查一次你的头发。'他说着,并开始用力拽我的头发。直到我痛得大叫,他才罢手,并说道:'你这头发肯定假不了。你的眼泪都出来了。'

接着,这个男人通过一扇开着的窗户对街上的人群说已经不缺人了。随着一阵失望的叹息声,人群也逐渐消失了。

'我的名字叫邓肯·罗斯。很高兴认识你。威尔逊先生,你有家人吗?'

我回答说我没有家人。

■ 轻而易举 [形] 手轻にできる、極めて楽にできる　■ 符合 [動] 符合する、合致する　■ 补充 [動] 補充する、付け加える　■ 介意 [動] 気にする　■ 检查 [動] チェックする　■ 罢手 [動] 止める　■ 眼泪 [名] 涙　■ 叹息 [動] ため息をつく　■ 家人 [名] 家族

　「事務所には男が一人、机の向こうに座って、どの赤毛の男も、一言質問しては追い払っていました。この勤め口はちょっとやそっとでは得られないようでした。だが、スポールディングと私が入ると、男は内密に話ができるようにドアまで閉めたんです。

　『こちら、ジャベズ・ウィルソンさんです』私の助手が言った。『勤め口を希望してます』

　『それに条件をよく満たしている』机のむこうの男が付け加えました。男は立って私の髪を長いこと眺めるので、赤面するほどでした。そして急に前にでて、私の手を握り、就職おめでとうと言うんですよ。

　『今一度、失礼して、あなたの髪をチェックさせて頂きますよ』彼は言って、私の髪を強く引っ張り始めました。痛くて叫んだら、『本物の毛髪に間違いありません。涙が出ていますね』と言いながらやっと止めました。

　その後、男は開いた窓から通りに向かって、空きは無くなったと群衆に告げました。失望のうなり声とともに、群衆は消えていきました。

　『私はダンカン・ロス。お会い出来て光栄です。ウィルソンさん、ご家族は？』

　私はいないと答えました。

'怎么会这样！'邓肯·罗斯低声说。'这的确是个严重的问题！你没有家人真是太可惜了。组织的钱给到我们，目的就是用于增加红发男人的后代啊。'

我很害怕会因此丢掉这份工作。但那人说：'不过，你的头发确实是罕见的红色，所以我们还是允许你加入。你什么时候可以开始工作？'

'我有点儿小问题。'我说。'其实我已经有工作了。这边的工作是什么时间段呢？'

'10 点到 2 点。'

'我来看店吧。'斯波尔丁在一旁说道。

发薪日之前的周四和周五晚上，当铺还是挺忙的。福尔摩斯先生，所以我想我可以白天在罗斯先生那儿工作。我知道我的助手是个不错的家伙，有能力好好照看这个店。

'那个时间我没问题。'我回答说。'然后呢，工作内容是什么？'

'都是些形式上的活。'

'什么叫形式上的？'

'首先，你在工作时间里要呆在办公室，至少不能离开这栋楼。你要是出了这栋楼，就会永远失去这份工作。'

'也就一天 4 个小时对吧。没问题。'

'不可以找其他借口哦。'

'然后呢，工作内容是什么？'

■ 严重的 [形]深刻な、由々しい ■ 可惜 [形]惜しい、残念な ■ 组织 [名]組織 ■ 后代 [名]子孙 ■ 害怕 [動]恐れる ■ 丢掉 [動]失う、無くす、捨てる ■ 罕见 [形]珍しい ■ 允许 [動]許可する ■ 时间段 [名]時間帯 ■ 发薪日 [名]給料日 ■ 照看 [動]面倒を見る、店番をする ■ 借口 [名]言い訳

『なんてことだ!』ダンカン・ロスは静かに言った。『これは実にゆゆしい事態だ! ご家族がいないとは残念です。組織の資金は、もっと赤毛の息子たちが増えるようにという目的で与えられているのですからね』

私は、これで仕事はおじゃんかと恐れましたが、男は『しかしながらあなたの髪は本当に稀な赤さですから、とりあえず加入を許可しましょう。仕事はいつから始められますか?』

『ちょっと問題があります』私は言った。『実はもう仕事についているんで。こちらはどういう時間帯なんですか?』

『10時から2時です』

『私が店番しますよ』スポールディングが割って入りました。

質屋というのは、給料日前の木曜日と金曜日の夜が忙しいんですよ。ホームズさん、だから私は日中はロスさんのところで働けると思いました。アシスタントはいい奴で、店番もちゃんとできるってわかっていましたし。

『その時間なら来られます』私は答えた。『で、仕事内容は?』

『形ばかりのものですよ』

『形ばかりとは?』

『まず、勤務時間中は事務所に、少なくともこの建物内にいなくてはならない。建物から出れば、この職を永久に失います』

『一日4時間だけでしょう。問題ありませんよ』

『言い訳はなしですよ』

『それで、仕事内容は?』

'就是抄写《大英百科全书》。请自带纸和笔。桌子和椅子由我们来准备。你可以从明天开始吧？'

'当然。'

'那么就先这样吧，威尔逊先生。恭喜你了。你赢得了一个非常重要的工作机会。'

我很高兴得到这个工作。但当我回到家后想了想，就感到一种不好的预感。我想这其中一定有什么猫腻。否则，谁会为这么简单的劳动付出这么多钱呢？但早上我还是买了一瓶墨水和一些纸，去了罗斯先生的办公室。

桌子已经准备好了。邓肯先生时不时地来我的房间看看。到了下午2点，他过来和我道别，他很高兴看到我已经抄完了很多页。

这种情况持续了很长时间。每个星期六，经理都会给我四个金币，而我每天早上都是10点过来，下午2点离开。

八个星期就这样过去了，之后突然间一切都结束了。"

"结束了？"

"对啊，先生。就是今天早上的事。我像往常一样去上班，然而门却上了锁，上面还贴了一张这样的纸。"

■ 抄写［動］手书きで写す ■ 百科全书［名］百科事典 ■ 赢得［動］獲得する ■ 猫腻［名］トリック、インチキ ■ 墨水［名］インク ■ 时不时地［副］時々 ■ 持续［動］持続する ■ 锁［名］鍵

『ブリタニカ百科事典を手書きで写すこと。紙とペンは持参してください。机と椅子はこちらで用意します。明日から始められますね?』

『もちろん』

『ではさようなら、ウィルソンさん。おめでとう。大変重要な仕事の口を獲得されたのですよ』

私は新しい仕事が嬉しかったんです。だが家に帰って後で考えたら、嫌な感じがしてきました。なにかのトリックがあるはずだと思いました。でなければ、誰があんな単純労働にあんな大金を出す? だが朝になるとやっぱり、インク瓶と紙を買って、ロスさんの事務所へ行きました。

机は準備できていました。ダンカンさんは時々私の部屋に顔を出します。午後2時になるとさよならを言い、私が沢山のページを複写したのを見て喜びました。

これが長いこと続きました。土曜ごとにマネージャーが金貨を4枚くれて、私は毎朝10時に来て午後2時に帰りました。

8週間がこんな調子で過ぎたあと、突然、何もかもが終わってしまったのです」

「終わり?」

「そうです、旦那。今朝のことですよ。いつもの通り仕事に行ったら、ドアには鍵がかかってて、こんな張り紙がしてあったのです」

红发会

已于 1890 年 10 月 9 日

解散。

我和夏洛克·福尔摩斯看了看那张纸，然后笑喷了出来。

"这一点儿也不好笑。"男人说。"如果你们再取笑我，我可就去别处了。"

"失敬失敬，拜托你不要走。"福尔摩斯说。"因为这太反常识了。请告诉我，你看到这个后是怎么做的？"

"我下到一楼后问房东，红发会怎么了。房东说他从未听说过这样一个组织。于是我问他邓肯·罗斯是谁。

'他是一名律师。他在新办公室准备好之前，一直使用楼上的房间来着。他的办公室在圣保罗修道院旁的爱德华国王街 17 号。'

我去过那个地方了，福尔摩斯先生。但那里是一家完全不同的公司，完全找不到叫罗斯的人。"

"那你之后做了什么呢？"

"我向我的助手求助，但他也不知道该怎么做。所以我才来找你帮忙。"

■ 取笑 [動]あざ笑う　■ 反常识 常識に反する　■ 房东 [名]大家　■ 求助 [動]助けを求める

赤毛組合は
1890年10月9日を持って
解散しました。

シャーロック・ホームズと私は張り紙を読んで、それから吹き出した。

「面白くなんかありませんよ」男は言った。「笑いものにするんなら、他へ行ってもいいんですから」

「いやいや、頼むから行かないでください」ホームズは言った。「あんまり変わっているものですからね。聞かせてください、これを見てどうしました?」

「一階に降りて、家主に赤毛組合はどうなったのかと聞きました。家主はそんな団体は聞いたことがないと言う。それでダンカン・ロスってのは誰かと聞いたんです。

『弁護士だったがね、新しい事務所が準備できるまで、上の部屋を使ってたんだよ。事務所はセント・ポール寺院のそばのキングエドワード街17番地だよ』

私はその住所へ行ってみましたよ、ホームズさん。でも全然違う会社が入っていて、ロスって人はみつかりませんでした」

「それでどうしました?」

「助手に助けを頼みましたが、奴もどうしていいかわかりません。だからあなたのところに助けてもらいに来たんです」

"我很乐意接手你的案件。我认为它比你想象的更严重。"

"比我想像的更严重？我可是失去了一周4英镑的收入啊。"

"我不认为你可以向工会投诉。你已经赚了30英镑，而且从百科全书里学到了知识。但还是让我们把事情搞清楚吧。在你的助手发现那则广告之前，你认识他多久了？"

"一个月左右。"
"他是怎么被你雇用的？"
"他是看到我的广告来应聘的。"
"你为什么选中他呢？"
"因为他说只要一半的工钱。"
"他的耳朵上有耳洞吗？"
"有。"
"他还在你那儿干活吗？"
"嗯，我今天也是从店里过来的。"
"他在你不在时的工作表现令人满意吗？"
"还行，反正白天很闲。"
"今天就到这儿吧，威尔逊先生。今天是周六。等到了周一我再告诉你我对这件事是怎么看的。"
"诶，华生啊。"客人走后，福尔摩斯说道。"你怎么看？"
"我完全摸不着头脑。"我说道。

■乐意 [動] 喜んで～する　■接手 [動] 引き受ける　■投诉 [動] 苦情を言う　■知识 [名] 知識　■搞清楚 はっきりさせる　■一半的 [形] 半分の　■耳洞 [名] 耳にあるピアスの穴　■干活 [動] 仕事をする、働く　■满意 [動] 満足する　■摸不着头脑 全く見当がつかない

「あなたのケースを喜んで扱いましょう。あなたが考えているより深刻だと思いますね」

「より深刻ですって？ 私は週に4ポンドの収入を失くしたんですよ」

「組合に苦情を言えるとは思えませんね。あなたは30ポンド稼いで、百科事典の内容も勉強になった。だが物事をはっきりさせるとしましょう。あの広告を見つけるまで、助手のことはどのくらいの期間、知っていましたか？」

「一ヵ月ほど」

「どういう経緯で雇うことになったのですか？」

「こちらが出した広告に応募してきたのです」

「なぜ彼を選んだのですか？」

「半値でいいと言うからですよ」

「彼の耳にはピアスの穴がありますか？」

「はい」

「まだあなたのところで働いているのですか？」

「ええ、今も私は店から来たんで」

「あなたの留守中の仕事ぶりは満足のいくものですか？」

「はい、日中はひまですし」

「今日はこれまで、ウィルソンさん。今日は土曜日。月曜日になったらこの件についての見解をお伝えしましょう」

「なあ、ワトソン君」客が帰ると、ホームズが言った。「君はどう思う？」

「私には全くわからん」と答えた。

"是啊，一切都很奇怪。我得赶紧整理一下思路。"福尔摩斯蜷缩在椅子上，闭着眼睛说道。

就在我以为他快要睡着了，我自己也迷迷糊糊的时候，他一下子跳了起来说："今天下午有一场德国音乐的演奏会。你能先把病人放一放吗，华生？"

"行啊，我在周六就从来没忙过。"

"那么我们在去的路上吃午饭吧。你也来吧。"

我们乘地铁到奥尔德斯门（现在的巴比肯站），走了一小会儿，来到威尔逊先生今天早上提到的那座小楼。只见一块棕色的板子上写着"贾布斯·威尔逊"几个白色的字。福尔摩斯一边观察着这栋楼，一边在街上走来走去。然后他来到当铺门口，敲了敲门。一个年轻人打开门，请我们进去。

"呃，不好意思啊。我只是想问一下去斯特兰德的路。"

"第三条街右转，第四条街左转。"助手一边关门一边回答道。

"他脑子挺好用啊。"福尔摩斯说。"他是伦敦第四聪明的人。"

"他一定在这次事件里扮演了重要的角色。你是想看看他是一个什么样的人，对吧？"我问道。

"不是看他，是看他裤子的膝盖。"

"你发现什么了？"

"你呀你呀，现在是观察的时候，不是闲聊的时候。我们可是潜入敌区的间谍呀。"

■ **赶紧** [動]急いで～する　■ **思路** [名]考え、構想　■ **蜷缩** [動]縮こまる　■ **迷迷糊糊** [動]うとうとする　■ **地铁** [名]地下鉄　■ **膝盖** [名]ひざ　■ **间谍** [名]スパイ

「そうだな、何もかも奇妙だ。早く考えをまとめなければ」ホームズは椅子に丸まって目を閉じながら言った。

彼は眠りかけているのだと思い、自分もうとうとしたところで、彼が飛び起きた。「ドイツ音楽のコンサートが今日の午後にあるんだ。患者はほうっておけるかい、ワトソン君?」

「大丈夫、土曜に忙しかった試しがない」

「では途中で昼食を取るとしよう。来たまえ」

我々は地下鉄でオルダーズゲイト(今のバービカン駅)まで行き、少し歩いて、今朝ウィルソン氏が話していた小さな建物に来た。茶色の板に「ジャベズ・ウィルソン」と白地で書いてあった。ホームズは、建物を観察しながら通りを行ったり来たりした。そして質屋の前まで来てドアをノックした。若い男がドアを開け、我々を中へ招いた。

「いや、ありがとう。ストランドに出る道を訪ねたいだけなのだが」

「三本目を右、四本目を左」ドアを閉めながら、助手は答えた。

「頭のいいやつだな」ホームズは言った。「ロンドンで四番目に頭がいい」

「今回のミステリーで大事な役割を果たしていることは間違いないな。どんな奴か、見てみたかったんだろう?」私は聞いた。

「奴じゃない、奴のズボンの膝だ」

「何が分かった?」

「君々、今は観察の時間であって、おしゃべりの時間じゃない。我々は敵地に潜入したスパイなんだぞ」

09

转过当铺的一角，我们就来到了伦敦最高级的街道。很难相信它们距离如此之近。

"等一下。"福尔摩斯说。"我想记住这片街区的所有建筑。"

过了一会儿，福尔摩斯说："好啦，医生，我们的工作已经完成了。让我们吃个三明治，喝杯咖啡，然后沉浸在音乐的世界里吧。这个甜蜜和谐的音乐世界。"

福尔摩斯打心底里热爱音乐。他会在家里一边挥舞着手臂一边听。这种极具诗意的氛围与福尔摩斯在处理棘手的案件或谜题时截然不同。那天下午，当我们俩还在圣詹姆斯大厅听音乐时，我就已经能预感到福尔摩斯要追查的人很快就会变得非常可怜了。

音乐会结束后，福尔摩斯建议我先回家。他说："但到了晚上我需要你的帮助。"

"几点钟？"

"10 点钟就行。"

"那么就 10 点贝克街见。"

"好的。但是，医生，由于可能会有危险，所以把你的枪揣在兜里。"

■ 建筑 [名]建物、ビル ■ 三明治 [名]サンドイッチ ■ 甜蜜 [形](蜜のように) 甘い ■ 和谐 [形] 調和している ■ 打心底里 心底から ■ 氛围 [名]雰囲気 ■ 棘手的 [形]難解な ■ 谜题 [名]ミステリー ■ 预感 [動]予感する ■ 建议 [動]勧める

質屋の角を曲がると、ロンドンでも最高級の通りに出た。こんな目と鼻の先にあるとは信じがたい。

「ちょっと待て」ホームズが言った。「この近隣のビルを全て覚えたいんだよ」

少しするとホームズは、「さあ、ドクター、仕事は終わりだ。サンドイッチとコーヒーを飲んで音楽の世界に浸ろう。すべてが甘く調和している音楽の世界に」

ホームズは音楽が心底好きだった。家では、長い両腕を振りながら聞いていた。この詩的な雰囲気は、難解な事件やミステリーに取り掛かっている時のホームズとは全く異なっていた。その日の午後、二人でセント・ジェームズ・ホールで音楽に耳を傾けていると、ホームズが追いつめようとしている連中は、まもなく非常に情けないことになるだろうという気がしてきた。

コンサートが終わると、ホームズは私に家に帰るよう勧めた。「だが夜になったら君の助けが必要だ」

「何時だ?」

「10時なら十分だろう」

「ではベーカー街で10時に」

「いいだろう。だがドクター、危険かもしれないから、銃をポケットに入れておいてくれよ」

我完全猜不到今晚要做什么样的工作。要到哪里去，需要做些什么？福尔摩斯手中所有的证据我也应该都见识过了，但我什么也看不明白。

晚上我去贝克街的房间时，福尔摩斯正和两个人大声地交谈。其中一个是我见过的警察。

"好嘞，现在人都到齐了。华生，这位是从苏格兰场请来的客人，他要和我们一起参加今晚的冒险。"

福尔摩斯所介绍的这位梅里韦瑟先生看上去就是一个非常固执的人，他说："今晚我是带着极大的遗憾和大家在一起的。我希望你们都知道，这个周六是我在过去27年中第一次错过与朋友们的桥牌比赛（三局两胜制）。"

"你会发现这场比赛更刺激。"福尔摩斯向他保证。"这都是为了找到英格兰最大的恶棍。"

"约翰·克莱。"那名警察说道。"他很年轻，但非常聪明，大学毕业于伊顿和牛津。我已经追捕他多年了，但我连他的面都没见过。我只祈求你今天晚上是对的，福尔摩斯先生。"

"你们俩上前边的马车，我和华生坐下一辆马车去追你们。"福尔摩斯说。

■ 冒险 [名]冒険　■ 固执 [形]頑固　■ 错过 [動]欠かす、～し損なう　■ 桥牌 [名]ブリッジ
■ 比赛 [名]試合、ゲーム　■ 刺激 [形]エキサイティング　■ 恶棍 [名]悪党

　今夜の仕事がどんなものか、見当もつかなかった。どこへ行き、何をするのか？　ホームズが手にしている証拠は全て私も見聞きしたはずだが、何もわからない。

　夜になってベーカー街の部屋へ行くと、ホームズは二人の男と大声で喋っていた。一人は見覚えのある警官だった。

　「やあ、これで全員そろったな。ワトソン君、こちらはスコットランド・ヤードからの招待客で、今夜の冒険に参加される方だ」

　ホームズが紹介したメリーウェザー氏は、いかにも頑固そうな人物で、こう言った。「今夜皆さんとここにいるのは大変残念だ。この27年間に友人とのブリッジの三番勝負（ラバー）を欠かしたのはこの土曜日が初めてだということを皆さんにも知ってもらいたいものです」

　「こちらのゲームの方が余程エキサイティングだとお分かりになりますよ」ホームズは保証した。「イングランド一の悪党を見つけるのですからね」

　「ジョン・クレイか」警官は言った。「若いが非常に頭が切れて、イートン校とオックスフォード大卒ときてる。長年、奴を追ってるが、お目にかかったことすらないんだ。今晩はあなたが正しいことを祈るばかりですよ、ホームズさん」

　「きみたち二人が前の馬車に乗ってくれれば、ぼくとワトソン君は次の馬車で追いかけるよ」と、ホームズ。

福尔摩斯在乘坐马车的这一路上心情都很好，不停地哼着他在下午的演奏会上听到的那首旋律。然后，他向我解释了为什么要带着这两个人上路。"梅里韦瑟是因为他自己对这个案子有兴趣。琼斯警官是个勇敢的人，他一旦抓到罪犯，就绝不会放过他。"

到达目的地后，我们就让马车离开了。梅里韦瑟先生带头穿过狭窄的街道，走下曲折的石阶，进入一个装满了大箱子的大地下室。

"这是个金库。"福尔摩斯说。

"没错。"梅里韦瑟说着，用他的手杖敲了敲地板。"嗯，怎么了，好像有个模糊不清的声音。"他说着，便吃惊地抬起头来。

"请安静，梅里韦瑟先生。请坐下来，不要动。"

福尔摩斯趴在地上，开始检查地板石头上的裂缝。几分钟后，福尔摩斯跳了起来。"我们得等一个小时。等当铺的人睡下了，他们就会加快速度。华生，你应该已经发现了，这里是伦敦最好的几家银行之一的地下室。梅里韦瑟先生是这家银行的大人物。他可以向我们解释为什么犯罪分子对这个地方感兴趣。"

■ 哼 [動]口ずさむ　■ 旋律 [名]メロディー　■ 带~上路 ~を同道する　■ 罪犯 [名]犯罪者
■ 带头 [動]先導する　■ 狭窄的 [形]狭い　■ 曲折的 [形]くねる　■ 石阶 [名]石の階段
■ 箱子 [名]箱　■ 手杖 [名]ステッキ　■ 模糊不清的 [形]うつろな　■ 裂缝 [名]割れ目、裂け目　■ 大人物 [名]大物

辻馬車で移動する間中、ホームズは上機嫌で、午後のコンサートで聞いたメロディーをずっと口ずさんでいた。そして、二人の男を同道する理由を説明してくれた。「メリーウェザーは個人的にこの事件に関心があるんだ。ジョーンズ警官は勇敢で、犯罪者を一度捕まえたら絶対に逃がさない」

目的地に着いて、辻馬車を去らせた。メリーウェザー氏が先導して狭い道を抜け、くねる石の階段を降りて、大型の箱で満杯の大きな地下室に入った。

「金庫室だ」ホームズが言った。

「その通り」ステッキで床を打ちながら、メリーウェザーが言った。「おや、どうしたんだ、うつろな音がするじゃないか」驚いたように見上げて、彼が言った。

「お静かに願います、メリーウェザーさん。腰掛けてじっとしていてください」

ホームズは床に伏して、床石の割れ目を調べ始めた。数分後、ホームズは飛び上がった。「一時間待たねばなりません。質屋が眠りについたら、奴らはスピードを上げるでしょう。ワトソン、ここはロンドンでも有数の銀行の地下室だということに気がついているだろうな。メリーウェザー氏はこの銀行の大物なんだよ。犯罪者がどうしてここに興味を持つのか説明してくださる」

10

"是法国金币。"梅里韦瑟先生小声对我说。"我们几个月前从法国银行买了 3 万枚拿破仑时期的金币。大家都知道,这些金币还都装在箱子里。"

"现在我们必须坐在黑暗中等待。"福尔摩斯说。"我带来了扑克牌,本想这样你们就可以打桥牌了,但是点灯太危险了。华生,如果他们过来朝我们开枪,你就给我把他们撂倒。"

在等待犯罪分子到来的时间里,黑暗的房间里充满了复杂的思绪。

"只有一条路可以跑出去。我相信你已经按我的要求做了安排,琼斯警官。"福尔摩斯说。

"我已经派了一名督察和两名巡察守在房子的前门。"

"这样的话,所有的洞都已经被堵上了。现在我们能做的就只有等待了。"

那是多么漫长的等待啊。我感觉过了一整夜,但后来我听说只过了一个小时。突然间,亮起了光。起初只是一个光点,然后变成了一道光束,接着一只手从地板上伸出来,然后又缩了回去。一切都很安静。不久,一些石头被扔了出来,一张年轻的脸向房间里看去。他把体重放在一条腿的膝盖上,从洞里爬了出来。他的同伙紧随其后,是一个深红色头发的人。

"很安全。你拿袋子了吗,阿奇?跳进去吧!"

"没用的,约翰·克莱。"福尔摩斯低声说。"你们已经被包围了。"

■ 拿破仑 [名]ナポレオン ■ 等待 [動]待つ ■ 扑克牌 [名]トランプ ■ 撂倒 [動]打ち倒す ■ 复杂的 [形]複雑な ■ 思绪 [名]思い ■ 堵上 [動]塞ぐ ■ 漫长的 [形](時間が)長くて辛い ■ 光点 [名]光の点 ■ 光束 [名]光の筋 ■ 爬 [動]這う ■ 同伙 [名]連中 ■ 包围 [動]包囲する

「フランス金貨だ」メリーウェザー氏は私に耳打ちした。「数ヵ月前、フランス銀行からナポレオン金貨三万枚を購入したのだ。金貨がまだ箱詰めのままであることはよく知られている」

「今から、暗闇の中で座っていなければなりませんよ」ホームズが言った。「あなたがブリッジができるようにと思ってトランプを持参しましたが、明かりをつけておくのは危険すぎる。ワトソン、奴らが来て、もし発砲したら、打ち倒してくれたまえよ」

犯罪者どもが来るのを待つ間、暗い部屋には様々な思いが交錯していた。

「逃げ道は一つしかない。頼んだ通り手配してくれただろうね、ジョーンズ警官」ホームズは言った。

「警部と巡査二名を家の正面玄関に張り付かせました」

「では抜け穴は全て塞いだことになる。今は待つのみだ」

なんという待ち時間だったろう。丸一晩が過ぎたように思えたが、あとで聞くと、たった一時間だった。突然、明かりが見えた。最初は一点だけだったのが、光の筋になり、次いで床から手が出てのびて、また引っ込んだ。すべてが静かだった。まもなく幾つか石が放り出されて、童顔が部屋をのぞいた。片膝に体重をかけて、穴から這い出てきた。相棒が続いたが、濃い赤毛だった。

「問題なしだ。袋は持ったか、アーチー？　飛び込むんだ!」

「無駄だよ、ジョン・クレイ」ホームズが静かに言った。「八方塞がりさ」

"看起来是这样啊。虽然你只抓住了我同伴的大衣下摆。"

"我们有三个人在门口守着呢。"

"你真的非常机智啊。我表示很佩服。"

"你也是。红头发的想法既新颖，又有效。"

"我的家族里出过国王和王后。你们能用'先生'来称呼我吗？另外别忘了加上'请'这个字。"

"没问题。"琼斯警官笑着说。"殿下，请您上楼去，并允许我把您送进监狱好吗？"

"很好。"约翰·克莱说着，并走向警方的马车。

"说真的，福尔摩斯先生。"梅里韦瑟先生说。"我们的银行该如何感谢你，或者说是报答你呢，我真的不敢想象。你为我们阻止了史上最大的一起银行抢劫案。"

"我自己对约翰·克莱也有私人恩怨，我很高兴他终于被绳之以法了。威尔逊先生的故事也非常精彩。"

那天晚上，福尔摩斯向我解释了这个谜团。"我了解到，犯人想让那个头脑简单的典当商每天离开店铺几个小时。整个计划是由约翰·克莱一手策划的。他的同伙就是面试那些红头发的人。我一听说他有一个助手干活只要一半的工钱，我就知道这背后有鬼。"

"但你是怎么知道他的计划的？"

■ 下摆 [名]裾　■ 机智 [形]スマート　■ 佩服 [動]感心する、感服する　■ 新颖 [形]目新しい
■ 有效 [形]有効な　■ 监狱 [名]刑務所　■ 报答 [動]報いる　■ 抢劫 [名]強盗　■ 私人恩
怨 [名]個人的な恨み　■ 绳之以法 [動]法律で裁く　■ 精彩 [形]興味深い　■ 策划 [動](計画
を)企てる　■ 有鬼 裏がある

「そのようだな。もっとも、相棒の方はコートの裾をつかまえただけだがな」

「ドアのところに三人張ってるんだ」

「なんと切れることよ。賛辞を贈るぞ」

「そちらこそ。赤毛の思いつきは斬新で効果的だったからな」

「俺の一族には王や女王がいるんだ。『サー』の称号で呼んでもらおうか。それに『プリーズ』をつけてくれたまえ」

「よし来た」笑いながらジョーンズ警官は言った。「殿下、階段をプリーズ、お上がりあそばして、刑務所へ連行されていただけますかな?」

「それで良し」ジョン・クレイは言って、警察馬車の方へ歩いて行った。

「いや、本当に、ホームズさん」メリーウェザー氏が言った。「当行がどうやって貴殿に感謝できるか、いや報いることができるのか、想像もつきません。史上最大の銀行強盗を阻止してくださった」

「ジョン・クレイには私も個人的に苦情がありましてね、遂に法に裁かれることになって良かった。ウィルソン氏の話も非常に興味深かった」

その夜遅く、ホームズはこのミステリーを説明してくれた。「犯罪者どもが、頭の単純な質屋を毎日数時間だけ店から出したいのだというのは分かった。計画の全容を企てたのはジョン・クレイだ。相棒の方が、赤毛の男たちの面接をしていた奴だ。半値でアシスタントが働いていると聞いた途端、何か裏があると思った」

「だが奴の計画がどうしてわかったんだい?」

"当我听说他在地下室一呆就是几个小时的时候，我想他是在挖一条通往另一栋楼的地道。我之前去当铺时，观察到了他裤子的膝盖。你也注意到他因为挖土而让那里弄得又黑又脏了吧？之后，我在附近的街道上转了一圈，发现拐角处就是一家银行。音乐会结束后，我给苏格兰场和银行行长打了电话。这就是那两个人之后与我们同行的原因。"

"你怎么知道他们要今晚动手？"

"因为红发会的解散通知是今天早上贴出来的。威尔逊在不在店里已经不重要了。这也就意味着地道已经完工了。而他们必须赶在金币被转移之前尽快动手。星期六是最合适的，因为银行要关门两天。根据这些理由，我认为就是今晚。"

"你的推理太精彩了。"我惊叹道。

"这确实避免了无聊。"福尔摩斯打着哈欠说道。

"你是怀有一种帮助人类的使命感在生活吧。"

福尔摩斯耸了耸肩。"也许，多少我可以提供一些帮助吧。正如古斯塔夫·福楼拜在写给乔治·桑的信中所说的那样。'人不算什么——工作才是一切。'"

■ 挖 [动]掘る ■ 地道 [名]トンネル ■ 脏 [形]汚い ■ 动手 [动]决行する ■ 完工 [动]完成する、竣工する ■ 合适 [形]ふさわしい ■ 无聊 [名]退屈さ ■ 耸肩 肩をすくめる ■ 一切 [名]すべて

「地下室で何時間も過ごすと聞いた時、別の建物へのトンネルを掘っているのだと考えた。質屋を訪ねたとき、奴のズボンの膝を見たのさ。土を掘るので、真っ黒に汚れていたのに君も気がついたろう？　その後、付近の通りを歩き回って、すぐそばに銀行があるのがわかった。コンサート後に、スコットランド・ヤードと銀行頭取に電話をしたのさ。それであの二人が同行することになったのだ」

「今夜決行するというのは何故わかった？」

「赤毛組合解散の張り紙が今朝出ていたからさ。ウィルソンが店にいようがいまいが、もうどうでも良かったんだ。それはつまり、トンネルが完成したという事だ。しかも金貨が移されてしまう前に、できるだけ早く決行する必要があったんだよ。土曜日なら、銀行が二日間閉まるのだから、最適だ。こういう理由から、今晩だと思ったのさ」

「君の推理は素晴らしいよ」私は叫んだ。

「退屈しのぎにはなるね」ホームズはあくびしながら答えた。

「人類を助けるという使命感を持って生きているのだね？」

ホームズは肩をすくめた。「恐らく、多少の役には立つんだろう。ギュスターヴ・フローベールがジョルジュ・サンドに書き送ったとおりさ。『人間は無──仕事こそ全て』」

覚えておきたい中国語表現

> 那倒不至于。（p.52, 下から3行目）
> それには及ばないよ。

【解説】「不至于〜」という表現は、ある事柄が極端すぎて起こり得ないという意味を表します。日本語に訳しますと、「〜するまでには至らない／〜するほどのことはない」という表現になります。

【例文】

① 这次只是一个小测验，你不至于紧张成那个样子吧。
　　今回はただの小テストだから、そんなに緊張しなくても大丈夫だよ。

② 她只是没有回绝你而已，你不至于高兴到那个程度吧。
　　彼女は断らなかっただけで、そんなにウキウキしてどうする。

③ 虽说这个项目很重要，关系到你今后的发展，但你也不至于每天加班到深夜吧。
　　このプロジェクトは君の将来に関わる重要なものとはいえ、毎日夜遅くまで仕事をする必要はないだろう。

> 你右手的肌肉比左手的肌肉发达得多。（p.58, 1-2行目）
> あなたの右手の筋肉は左より余程発達しています。

【解説】「比〜得多」は、AとBを比較するときに、AがBよりもはるかに優れていることを表現するために使われます。ここで、「比」は「〜と比べて」という意味で、後ろに比較対象の要素（左手の筋肉）が続きます。「得多」は「はるかに」「ずっと」という意味を持ち、AがBよりも大きな差を持っていることを示します。

【例文】

① 她的成绩比班上的其他学生好得多。
　　彼女の成績はクラスの他の生徒に比べてずっと良いです。

② 这部日剧的第二季比第一季好看得多。
　　この日本ドラマのシーズン2は、シーズン1よりずっと面白い。

③ 这家餐厅的菜比那家餐厅的好吃得多。
　　このレストランの料理は、あのレストランよりもずっと美味しい。

要是我的头发也是红色的就好了，威尔逊先生。（p.62, 6-7行目）
俺の髪も赤かったらなあ、ウィルソンさん。

【解説】「要是～就好了」は、「もし～だったらいいのに…」という（多くの場合は非現実的な）希望や願望を表現するときに使われます。「要是」は、「もし…だったら」という意味で、後ろに仮定節（仮定や条件を表す節）が続きます。「就好了」は「いいのに」という意味で、もし条件が実現すると望ましい結果を生むことを表します。

【例文】

① 要是我的中文说得跟你一样好就好了。
　　私もあなたのように中国語が話せればいいのになあ。

② 要是我能提前知道比赛的结果就好了。
　　ゲームの結果を事前に知ることができたらいいのになあ。

如果你们再取笑我，我可就去别处了。（p.72, 5-6行目）
笑いものにするんなら、他へ行ってもいいんですから。

【解説】"如果～就～"は、もし条件が満たされた場合に何かが起こることを表現するために使われます。例文では、もしホームズたちが男の人をこれ以上からかったら、彼が相談を止めるという意思を表しています。

【例文】

① 如果你喜欢这本书，我就把它送给你。
　　この本が好きなら、プレゼントするよ。

② 如果我会说日语，我一定会去日本留学。
　　もし日本語が話せたら、絶対に日本へ留学します。

91

③ 如果你有时间，我们就一起去看电影吧。
　　時間があるなら、一緒に映画を見に行こう。

福尔摩斯打心底里热爱音乐。（p.78, 7行目）

ホームズは音楽が心底好きだった。

【解説】"打心底里"は、主観的な感情や状態を表現するときに使われます。例文では、主人公（ワトソン）の視点からホームズの音楽に対する情熱を強調しています。

【例文】

① 我打心底里感谢你的帮助。
　　心からあなたの助けに感謝しています。

② 她打心底里渴望实现自己的梦想。
　　彼女は心の底から自分の夢を実現したいと願っている。

花斑帯探案
まだらの紐

なんと朝の7時15分にホームズとワトソンは、
恐怖にふるえ、取り乱した若い女性の訪問をうける。
彼女の姉は2年前に不審な死をとげたのだが、そのとき
低い口笛が聞こえた。それと同じ口笛がまた聞こえたので、
夜が明けるのを待ちかねて相談に来たのだった。
ホームズの行動は早かった。
その日の夜には彼女の寝室にワトソンとふたりでひそみ、
暗闇のなかでジッと何かが起こるのを待つ……

この殺人方法には無理があるのではないかという指摘はあるものの、
ドイル自身がいちばん気に入っていて、またファンのあいだでも
ダントツの人気を誇る作品。短編としては8作目で、
ホームズ物語の面白さがいろいろな面で最高潮に達している。

11

花斑带探案

　　我和夏洛克·福尔摩斯在过去的八年里一共处理了七十多个案件。有些令人感到悲伤，有些很滑稽，有些则很离奇，但平平淡淡的一个都没有。福尔摩斯工作不是为了钱，而是为了展示他自己的才华。然而，最不寻常的应该是斯托克·莫兰的罗伊洛特家的案子了。这个案子发生在我们俩还住在贝克街的时候。虽然案件档案中已经注明，但我们不得不对许多事实保密，直到如今。当我们发誓要保护的那个女人在上个月去世后，我们认为最好把这个秘密公之于众。这是因为关于此案的坊间传闻比事实更为丑陋。

　　那是1883年4月初的事。我发现夏洛克·福尔摩斯正站在我的床边等待着我醒来。当时才早上7点钟。要知道福尔摩斯是个习惯晚起的人。

■ **悲伤** [形]悲しい　■ **滑稽** [形]滑稽な　■ **平平淡淡的** [形]ありきたりの　■ **才华** [名]手腕、才能　■ **档案** [名]事件簿　■ **注明** [動]明記する　■ **保密** [動]秘密を守る　■ **去世** [動](人が)亡くなる　■ **坊间传闻** [名]巷の噂　■ **丑陋** [形]醜悪な　■ **醒来** [動]起きる、目覚める

まだらの紐

　シャーロック・ホームズとは、この8年で70件以上の事件にあたって
きた。悲しいもの、滑稽なもの、ただ奇妙に尽きるものと様々だが、あり
きたりのものは一つとして無い。ホームズは常に、金のためではなく、己
の手腕を発揮できる仕事を愛したのだ。しかしながら、最も異色なのは、
ストーク・モーランのロイロット家の事件だろう。この事件は、我々が二
人共、まだベーカー街に住んでいた頃に起きた。既に事件簿には記してあ
るものの、現在までは多くの事実関係を秘密にしておかなければならな
かった。先月、我々が守秘を誓った当事者の女性が亡くなり、秘密を明る
みに出すことがベストと考えた。この事件にまつわる巷の噂が、事実より
も醜悪なものであるからだ。

　あれは1883年4月初旬のこと、枕元でシャーロック・ホームズが立っ
て私が起きるのを待っているのに気がついた。まだ午前7時で、ホームズ
は朝は遅いタイプだったにもかかわらずだ。

"真不好意思这么早把你叫起来，华生。"

"怎么了？着火了吗？"

"不，是一位年轻女士的来访。这位女士一大早把人叫醒，一定是有重要的事要说。我猜你也想从头开始听，所以我就给了你这个机会。"

"你瞧，我是不会错过这个机会的。"我边说边起身，迅速穿好了衣服。

没有什么比跟着福尔摩斯工作，并欣赏他敏捷的思维和直觉更有趣的了。这位年轻女子身着一袭黑色的衣服，并用面纱遮住了脸。我们进去时她站了起来。

"早上好，夫人。"福尔摩斯爽朗地说道。"我是夏洛克·福尔摩斯。这是我的好朋友华生博士。您对他说什么都可以，就像是对我说的一样。诶，您在发抖呢。请靠火炉近一些。"

"我不是因为冷才发抖的。而是因为恐惧，福尔摩斯先生。是因为恐惧才这样的。"

当她揭开面纱时，我看到她脸色苍白，眼神惊恐。她看上去就像是一只被追赶的动物。她大概30岁左右，但看起来岁数更大一些。福尔摩斯迅速地打量她，并看出了不少东西。

■ 来访 [名]面会、訪問　■ 叫醒 [動]起こす　■ 敏捷的 [形]素早い　■ 直觉 [名]直感　■ 面纱 [名]ベール　■ 爽朗 [形]朗らか　■ 发抖 [動]震える　■ 恐惧 [名]恐怖　■ 揭开 [動](ベールなどを)外す　■ 岁数 [名]年齢

「こんなに早く起こして申し訳ない、ワトソン君」

「なんだ？　火事か？」

「いや、若い女性の面会だ。若い女性が早朝に人を起こすからには、非常に重要な話だと思うのだ。君も最初から聞きたいだろうと思ってね、チャンスを与えているわけだ」

「君、何があっても逃すものか」起きて素早く着替えながら言った。

　ホームズの仕事に付き添って、彼の頭の素早い回転ぶりとカンを鑑賞するくらい、面白いことはない。当の若い女性は黒い服をまとい、ベールで顔を覆っていた。我々が入っていくと立ち上がった。

「お早うございます、マダム」ホームズは朗らかに言った。「私がシャーロック・ホームズです。こちらは親友のワトソン博士。彼の前では、私に対すると同じように自由にお話しいただいて構いません。おや、震えていらっしゃいますね。もっと火のそばへ」

「震えているのは、寒さのせいではございません。恐れのためでございます、ホームズさま。恐怖のためなのでございます」

　ベールを外すと、青ざめ、恐怖におののいた眼をしているのがわかった。追われる動物のようであった。年は30ほどであろうが、さらに老けて見える。ホームズは彼女を素早く観察して多くを見て取った。

"您不要害怕。"福尔摩斯一边抚摸着她的手臂一边轻轻地说。"我们会让一切都好起来的。您是刚刚坐火车来的吧。"

"您知道我是谁吗?"

"不知道,但您戴着手套的手里攥着一张回程票根。您一定是今天一大早就出了家门,坐着两轮马车去的车站吧。"

那位女士似乎很吃惊。

"没什么好吃惊的。您的外套上有七处泥巴飞溅的痕迹。只有两轮马车才会把泥巴溅成这样。"

"不管您是怎么知道的,的确如您所说。"那位女士说道。"我今天早上不到 6 点就离开了家,搭上了去滑铁卢车站的第一班列车。福尔摩斯先生,我不能再这样下去了。只有一个人关心我,而他却帮不了我。福尔摩斯先生,我已经从我的朋友法林托什夫人那里听说了您的事迹。她说您会帮助有困难的人。您住在哪儿也是她告诉我的。请您在笼罩着我的黑暗中投下哪怕是一点点的光吧。我现在没办法对您表示感谢,但六周后我就结婚了,会有自己的收入。那时,我再向您表示感谢。"

■ 抚摸 [動] 触れる、撫でる　■ 火车 [名] 列车　■ 手套 [名] 手袋　■ 泥巴 [名] 泥　■ 飞溅
[動] 跳ね上がる　■ 第一班 [名] 始発　■ 关心 [動] 気にかける　■ 笼罩 [動] 取り巻く

「恐れてはいけない」ホームズは、彼女の腕に触れながら優しく言った。「我々がすべてを上手く収めましょう。列車で着かれたばかりなのですね」

「わたくしのことをご存知なのですか」

「いいえ、しかし手袋をした手に往復切符の半券を握りしめていらっしゃいますね。今朝、非常に早く家を出て、二輪馬車で駅まで行かれたのでしょう」

女性はショックを受けたようであった。

「驚くことはありませんよ。外套に泥ハネが七箇所、付いている。そんな風に泥を跳ね上げるのは、二輪馬車だけですよ」

「どういう方法でお知りになったとしても、おっしゃる通りでございます」女性は言った。「今朝6時前に家を出まして、ウォータールー駅までの始発に乗りました。ホームズさま、このままではもう、やって参ることができません。私のことを気にかけてくれるのはたったひとりでして、その彼も助けにはなれないのです。あなた様のことは、ホームズさま、友人のファリントッシュ夫人から聞き及んでおりました。困っている人を助けてくださる方であると。あなたさまの御住所も夫人から伺ったのでございます。私を取り巻く闇に、わずかでも光を投げかけてくださいませ。今、御礼を差し上げることはできませんが、6週間しましたら結婚し、自分の収入が得られることになっております。その折には私の感謝の気持ちをお示しいたします」

福尔摩斯用钥匙打开抽屉，拿出了一个笔记本。

"法林托什夫人……啊，对了，我想起来了。白色蛋白石项链。我将以我对您朋友案子的同样关注来处理您的案子。至于报酬，对我来说，工作就是报酬。如果您愿意的话，可以支付我的费用。那么现在请您详细跟我说说，以便我能帮到您。"

"啊。"那位女士惊呼道。"我的恐惧根植于一件最微不足道的事情上。就连唯一一个帮助我的人也认为那是我的一厢情愿。但我相信您，福尔摩斯先生，您能看透一个无情的人的内心。您应该能告诉我如何才能逃过这一劫。"

"我会尽力的。"

"我的名字叫海伦·斯托纳。我和我的继父住在一起，而他来自撒克逊英格兰最尊贵的家族之一。它曾一度是英格兰最富有的家族之一，但我的祖父和曾祖父挥金如土，现在只剩下那座被用于抵押的有着200年历史的老房子。我的继父学的是医学，并在印度工作过。他对经常发生的抢劫事件感到很愤怒，于是，有一天殴打了一个印度仆人。后来他被送进了监狱，郁郁寡欢多年后回到英国，成了一个有着古怪脾气的人。

■ 抽屉 [名]引き出し　■ 笔记本 [名]ノート　■ 项链 [名]ネックレス　■ 支付 [动]支払う　■ 根植 [动]根ざす　■ 微不足道的 [形]些細な、とるに足りない　■ 一厢情愿 [名]独りよがりの考え　■ 看透 [动]見通す、見抜く　■ 无情的 [形]冷酷な　■ 尽力 [动]力を尽くす　■ 富有的 [形]裕福な　■ 挥金如土 [动]湯水のように金を遣う　■ 抵押 [名]抵当　■ 印度 [名]インド　■ 愤怒 [动]腹立つ、怒る　■ 郁郁寡欢 [形]憂鬱　■ 古怪 [形]気難しい　■ 脾气 [名]気性、性分

　ホームズは机の鍵を開けて、ノートを取り出した。

　「ファリントッシュ夫人……ああ、そうだ、思い出した。白のオパール
のネックレス。ご友人の事件にかけたのと同じ注意力を傾けて、あなたの
ケースにも当たりましょう。お支払いですが、私にとっては仕事が報酬な
のです。お望みなら経費をカバーしていただきましょう。ではお力になれ
るよう、詳細を話してください」

　「ああ」女性は叫んだ。「私の恐れというのは、ごく些細な事柄に根ざし
ているのでございます。わたくしのことを助けてくれるたったひとりの
人さえ、わたくしの思い込みだと考えているのでございます。でもわたく
しは、ホームズさま、あなた様なら冷酷な人間の心の底までお見通しであ
ると信じております。どうやったらこの危険をすりぬけていくことがで
きるか、教えてくださるはずでございます」

　「そのように努めましょう」

　「わたくしはヘレン・ストーナーと申します。同居している義理の父は、
サクソン系イングランド人の中で最も由緒ある家の出でございます。一
時はイングランドで最も裕福な家柄でしたが、祖父と曽祖父が浪費を重
ねまして、現在は重い抵当に入っている築200年の古い館が残るのみでご
ざいます。義父は医学を学び、インドで仕事についておりましたが、頻繁
に強盗が入ることに腹を立て、ある日、インド人の使用人を殴りました。
刑務所行きとなり、何年もしてから失意のうちに、気難しい人間となって
イングランドに戻ったのでございます。

他后来和我的母亲结婚了。我的母亲把她所有的收入——一年大概有 1000 英镑——都给了他，并说好在我和姐姐结婚时把部分收入分别给我们俩。八年前，虽然我母亲在一次火车事故中去世了，但我们仍然有余力和父亲一起过着舒适的生活。母亲去世后，继父把我和姐姐接到他祖传的宅里去住。姐姐和我是双胞胎，所以我们的关系非常好，一直一起住在那座宅子里。

然而，我的继父变得非常爱激动，动不动就和人打架。有两次因为他打得太厉害了，甚至把警察都招到家里来了。继父他非常强壮，我们都很害怕他。

上周，他把一个人打成了重伤，我不得不把我所有的钱都给他，这才让他闭上了嘴。除了流浪的吉普赛人，我的继父就没有朋友了。吉普赛人在庄园里搭帐篷定居，继父甚至还和他们一起去旅行。

我想您应该可以理解姐姐和我的境况是多么的艰难。由于没有一个仆人愿意留下来，我们不得不自己面对所有的事情。终究，我的姐姐在她还只有 30 岁时就去世了。她那时头发都白了。

"您的姐姐去世了呀？"

■ 大概 [副]おおよそ　■ 舒适的 [形]快適な　■ 祖传的 [形]先祖伝来の　■ 激动 [動]激高する　■ 打架 [動]喧嘩をする　■ 吉普赛 [名]ジプシー　■ 帐篷 [名]テント　■ 定居 [動]住み着く　■ 头发 [名]髪

　母とはその後で結婚いたしました。母は、年に1000ポンドほどあった収入すべてを父に与え、その一部は私と姉が結婚した時にそれぞれに与えると取り決めたのでございます。母は8年前、鉄道事故で亡くなりましたが、私たちは義父と一緒に快適に暮らせるだけの余裕がございました。母の死後、義父は姉と私を連れ、自分の先祖伝来の館に住むことにいたしました。姉と私は双子でしたので、非常に仲が良く、その館でもずっと一緒に過ごしました。

　しかし義父は、頻繁に激高するようになりまして、誰とでも喧嘩をするようになりました。喧嘩があまりひどいため、警察が館の中まで入ったことも二度ございます。義父は腕っ節が非常に強く、私たちは皆、義父を恐れておりました。

　先週のこと、義父がある男に大怪我をさせまして、私はありったけのお金を与えて男を黙らせなければなりませんでした。義父には、流浪のジプシー以外には友人がおりません。ジプシー達が所有地にテントを張って住み着いたり、義父が彼らと旅に出てしまうことすらございます。

　姉と私にとっていかにつらい状況であったか、ご理解いただけるかと存じます。使用人は誰ひとりとして居着かず、私たちがすべてをこなしておりました。ついに姉が、たった30歳で亡くなりました。髪の毛は真っ白でございました」

　「姉上は既に亡くなられたのですね?」

12

"那是两年前的事了。我就是来告诉您这件事的。我们没有多少朋友，但我们以前时常去探访住在哈罗的姨妈。我姐姐朱莉娅在两年前的一次圣诞探访中认识了一位男士并与之订婚。当我父亲听说婚礼计划时，他并没有反对。但就在婚礼仪式前，我的姐姐去世了。"

一直闭着眼睛听的福尔摩斯，这时微微睁开双眼，盯着来访的女人。

"请告诉我更多的细节。"

"任何细节我都不会忘记的。正如我刚才所说，这所房子很旧，我们只占用了它的一侧。那里有客厅还有卧室。第一间是我父亲的卧室，第二间是我姐姐的，第三间是我的。所有卧室的门都通向同一条走廊。"

"原来如此。"

"三间卧室的窗户都朝向一片绿茵茵的草地。那天晚上我父亲很早就回到了他的卧室。我姐姐说因为从他的卧室里漂来了雪茄的难闻气味，于是她来到我的卧室。在我们讨论了很久即将到来的婚礼的事之后，她准备起身离开。

'嘿，海伦。'她说。'你有没有听过有人在半夜里吹口哨？'

'完全没有。'我回答说。

■ 圣诞（节）[名]クリスマス　■ 订婚 [動]婚約する　■ 婚礼 [名]結婚式　■ 细节 [名]詳細　■ 走廊 [名]廊下　■ 绿茵茵的 [形]草の茂った　■ 漂 [動]漂う　■ 雪茄 [名]葉巻　■ 气味 [名]匂い　■ 讨论 [動]話し合う、議論する　■ 吹口哨 口笛を吹く

「2年前でございました。このことをお話しに参ったのです。私たちは友人も少ないのですが、時々はハロウに住む母方の叔母に会いに行っておりました。姉のジュリアは2年前のクリスマスに訪れた折、ある男性と出会い、婚約いたしました。父も結婚の計画を聞いて、反対ではないようでございました。ですが、式の直前になって姉が亡くなったのでございます」

それまで眼を閉じて聞いていたホームズが、この時点で薄目を開け、訪問者の女性を見つめた。

「もっと細かくお話しください」

「どの細部も、忘れられるものではございません。館は、先ほど申しましたとおり、古いものでして、私たちは片翼だけ使用しております。居間と寝室がございまして、父の寝室がまずあり、姉のが2番目、私のが3番目となっております。どの寝室も、ドアは同じ廊下に開くようになっております」

「なるほど」

「3つの寝室の窓は、草の茂った緑地に面しております。あの夜、父は早めに寝室に引き取りましたが、父の寝室から葉巻の嫌な匂いがするからと言って、姉は私の寝室に参りました。来る結婚式について長いこと話し合ってから、姉は立ち上がって行きかけました。

『ねえヘレン』姉は申しました。『真夜中に誰かが口笛を吹くのを聞いたことがある?』

『全然ないわ』私は答えました。

'你不可能在梦里吹口哨，对吧？'

'当然不可能。'

'在过去的几个晚上，我听到有人在凌晨 3 点左右吹口哨。我还被它吵醒了。所以我想你可能也听到了。'

'肯定是一直住在这里的吉普赛人。'

'对啊，可能是吧。'姐姐说完便回到了自己的卧室，并锁上了门。"

"到了晚上你们一般都会锁门么？"福尔摩斯问道。

"那是当然了。"

"那天晚上我睡不着。双胞胎有着非常强烈的心灵感应。当时正在下雨，我听到了一个充满惊恐的女人的尖叫声。我认出了那是我姐姐的声音。我跳下床便听到了之前姐姐提到的口哨声，随后是金属掉在地上的声音。我沿着走廊走到姐姐的房间，门是开着的，她从里面走了出来。她脸色苍白，浑身发抖。我急忙上前抱住她，但她却瘫倒在地上。她似乎完全失去了理智，但她认出了我并对我说：'我的天啊！海伦！那是一条带子！是一条花斑带！'她还想说更多，但却说不出来。她指着我父亲的卧室，咽下了最后一口气。父亲从卧室里跑出来，试图帮助她，但为时已晚。这就是我亲爱的姐姐临终时的样子。"

■ 梦里 夢の中　■ 吵醒［動］騒いで目を覚まさせる　■ 心灵感应［名］テレパシー　■ 尖叫声［名］叫び声　■ 瘫倒［動］崩れ落ちる　■ 失去［動］失う　■ 带子［名］紐

『寝言で口笛を吹くなんて、あり得ないわよね?』

『もちろんないわよ』

『ここ何晩か、午前3時頃に誰かの口笛が聞こえるのよ。それで目が覚めるの。あなたも聞いたかと思ったんだけど』

『ここに住み着いているジプシーに違いないわ』

『そうね、そうかもしれないわね』そうして姉は自分の寝室に戻り、鍵をかけました」

「あなた方は、夜いつもドアに鍵をかけるのですか?」ホームズは尋ねた。

「もちろんでございます」

「私はその晩、眠れませんでした。双子というのは、魂の結びつきが非常に強いものでございます。雨が降っておりましたが、恐怖に満ちた女性の叫び声が聞こえました。姉の声であるとわかりました。ベッドから飛び出すと、姉が申しておりました通りの口笛が聞こえ、それから金属の落ちるような音がいたしました。廊下をかけて姉の部屋に参りましたら、ドアは開いており、姉が出てきました。蒼白で全身を震わせておりました。かけつけて抱きしめましたが、姉はくずれおちてしまいました。全く我を忘れたような様子でも、私のことは分かりまして、申しました。『なんてこと! ヘレン! 紐だったのよ! まだらの紐よ!』姉はもっと言おうとしましたが、できませんでした。父の寝室を指差し、そして息を引き取ったのでございます。父も寝室から走り出て来て、姉を助けようといたしましたが、遅すぎました。これが大切な姉の最期の様子でございます」

"请等等。"福尔摩斯说。"你确定听到了口哨声和金属的声音吗?"

"验尸官也是这么问我的。我感觉自己听见了,但当时外面风雨交加,所以也许是我听错了。"

"您的姐姐穿的是白天的衣服吗?"

"不,她穿的是睡衣。她的右手握着火柴,左手握着火柴盒。"

"这么说您的姐姐在事故发生时正在点火柴喽。验尸官怎么说?"

"没有发现任何可能导致死亡的原因。我还知道门窗都是锁着的。墙壁很坚固,地板也是一样的。我可以肯定,我姐姐去世时是独自一人。此外,也没有发任何现她被施加暴力的痕迹。"

"那是否有人下毒呢?"

"验尸官什么都没有发现。"

"那么死因是什么呢?"

"恐惧和神经错乱。但我不明白有什么东西那么可怕。"

"吉普赛人当时在周围吗?"

"嗯,总是有几个人在那儿。"

"您认为您姐姐所说的'花斑带(绳带)'指的是什么?"

■ 验尸官 [名]検死官　■ 风雨交加 [動]風が激しく雨が混じる　■ 睡衣 [名]パジャマ　■ 火柴 [名]マッチ　■ 坚固 [形]頑丈　■ 施加 [動](影響、暴力などを)加える　■ 下毒 [動]毒を盛る

「待ってください」ホームズは言った。「口笛と金属音が聞こえたのは確かですね?」

「検死官にもそのように聞かれました。聞こえたと思ったのですが、外はひどい嵐でしたので、私の思い違いかもしれません」

「姉上は日中の服装のままでしたか?」

「いいえ、寝巻き姿でした。右手にはマッチを、左手にはマッチ箱を握っておりました」

「とすると姉上は、事故が起こったとき、マッチをつけておられたのですね。検死官はなんと言ったのですか」

「死因となるようなものは何も見つけられませんでした。私もドアと窓に鍵がかかっていたことは知っております。壁は頑丈で、床も同じです。姉が最期を迎えたとき、一人だったことは確かなのでございます。加えて、暴力を加えられたような痕は見つかりませんでした」

「毒物はどうですか?」

「検死医たちは何も発見できませんでした」

「では死因はなんだったのですか」

「恐怖と神経ショックでございますが、何がそれほど恐ろしかったのか私にはわからないのでございます」

「ジプシーたちは当時、敷地内にいたのですか」

「はい、いつも何人かがおります」

「姉上の言った『まだらの紐(バンド)』は何のことだと思いますか」

"我完全想不出来。比起绳带，她更可能指的是吉普赛人团体的纽带，又或者是一种手绢。"

福尔摩斯摇着头，似乎在说不是这样的。

"请您继续说。"

"过去这两年，我的生活一直很孤独，但在一个月前，一位好友向我求婚了。关于我们的计划我父亲并没有反对。我们希望能在春天举行婚礼。我父亲的宅子目前正在装修，两天前我的卧室被拆除了，所以我搬到了姐姐的房间。昨天晚上，当我在姐姐的床上休息时，我听到了她临死前听到的口哨声。您可以想象到我是多么的恐惧。我打开灯，但房间里并没有任何人。于是我一大早就飞奔上火车，来拜访您并征求您的意见了。"

"这很好。但是您把所有的事情都告诉我了吗？"

"是的，我把所有的事都对您说了。"

"斯托纳小姐，您没有说实话哦。您在包庇您的父亲啊。"

"什么，您说这话是什么意思？"

福尔摩斯卷起斯托纳小姐上衣的袖子，她的手臂上有明显的黑色瘀伤，而这些伤痕呈现出大拇指以及其他四指的形状。

"您曾经受到过非人的待遇啊。"

说到这里，斯托纳小姐涨红了脸。"我父亲不明白他自己有多大力气。"

■ 纽带 [名]絆、繋がり　■ 手绢 [名]ハンカチ　■ 求婚 [動]プロポーズする　■ 装修 [動]改修する　■ 拆除 [動]取り壊す　■ 飞奔 [動]飛ぶように走る　■ 征求 [動] (意見などを) 求める

「全くわからないのでございます。紐というよりもジプシー集団という意味のバンドかもしれず、あるいはハンカチの一種かと思ったりいたします」

ホームズは違うというように頭を振った。

「どうぞお話を続けてください」

「この2年間というもの、私の人生は非常に寂しいものでございましたが、1ヵ月前、親しい友人からプロポーズを受けました。父は私たちの計画に反対しておりません。春には式を挙げたいと考えております。父の館は現在改修中でございまして、2日前、私の寝室が取り壊されましたので、姉の部屋に移りました。昨晩、姉のベッドで休んでおりましたら、姉が死ぬ前に聞いた口笛が聞こえたのでございます。私の恐怖をご想像いただけますでしょうか。ランプをつけましたが、部屋には誰もおりません。朝一番、とにかく列車に飛び乗ってあなた様をお訪ねし、アドバイスを頂きに参ったのでございます」

「それは良かった。だが全てを話していただけましたかな?」

「はい、全て申し上げました」

「ストーナーさん、お話しになっていませんよ。お父上をかばっていらっしゃいますね」

「なぜ、どういうことでございましょう?」

ホームズがストーナー嬢のドレスの腕をまくりあげると、親指と四本指の跡を示す黒いあざがくっきりとついていた。

「過酷な扱いを受けて来られましたね」

ここに来て、ストーナー嬢は赤くなった。「父は自分の強さがわからないのでございます」

■ 実話 [名]事実　■ 包庇 [動]庇う　■ 巻起 [動]まくりあげる　■ 袖子 [名]袖　■ 瘀伤
[名](体を強く打ったときに皮膚にできる)あざ　■ 大拇指 [名]親指　■ 非人的 [形]過酷な、非人
道的な　■ 力气 [名]力

13

福尔摩斯盯着暖炉里的火说道："现在我还有很多情况需要了解。但是，一分钟都不能浪费。如果我们现在马上动身去你家的话，可以在不被你父亲知道的情况下看看房间吗？"

"我父亲今天一天都不在家。没有人会打扰到我们。"

"你也一起来吗，华生？"

"那是当然。"

"您怎么办。"福尔摩斯问斯托纳小姐。

"我在伦敦还有点事要办，所以打算乘坐正午的列车在您俩到达之前回去。"

"那么我们将在下午早些时候拜访您。如果您愿意等一会儿，可以和我们一起共进早餐。"

"不了，我得走了。能和您说上话，我已经感觉轻松多了。"斯托纳小姐带上面纱，安静地离开了。

"你怎么看，华生？"

"对于这个不幸的情况，我想不出有什么可说的。"

"如果斯托纳小姐说的都是真的，那么她姐姐死的时候是一个人。"

"但那口哨声，还有她死前说的奇怪的话又是怎么回事？"

"我想不出来。"

■ 浪费 [動]無駄にする、浪費する　■ 打扰 [動]邪魔する　■ 早餐 [名]朝ごはん

ホームズは暖炉の火をみつめた。「今、知りたい細部情報は千もある。しかし、一時も無駄にしてはいられない。我々があなたの家に今すぐ行けば、お父上に知られずに部屋を見られますか」

「父は今日は一日留守でございます。お邪魔をする者はございません」

「君も来るかね、ワトソン君?」

「もちろんだとも」

「あなたはどうされますか」ホームズはストーナー嬢に尋ねた。

「ロンドンで少し用事がございますので、正午の列車で、あなた様がお着きになる前に戻っているようにいたします」

「では午後早い時間に伺いましょう。少しお待ちいただいて、朝食をご一緒にいかがですか」

「いいえ、もう参りませんと。お話しできたことで、気持ちが軽くなりました」ベールを垂らして、ストーナー嬢は静かに出て行った。

「どう思うかね、ワトソン君?」

「この不幸な状況については、何も思いつかんね」

「ストーナー嬢の話が全て本当なら、彼女の姉は死んだときは独りでいたことになる」

「だが、口笛と、彼女が死ぬ前に言った奇妙な言葉はどうなんだ?」

「思いつかない」

"考虑到她父亲的性格和他与吉普赛人的交往，他即使想阻止斯托纳小姐的婚姻也不足为奇。那根带子（纽带）指的可能是吉普赛人，也可能是一个金属窗框。但这些解释都说不通。这就是我们今天要去看房子的原因。"

就在这时，一个大个子男人走进房间。他戴着高帽，披着一件长大衣，手里拿着马鞭。他长得实在太高，以至于他的高帽几乎顶到了天花板上。此外他还长着一张可怕的脸。

"你们谁是福尔摩斯？那人问道。

"我是。"福尔摩斯平静地回答说。

"我是斯托克·莫兰的罗伊洛特医生。"

"是嘛。"福尔摩斯若无其事地答道。

"我的女儿为什么要来找你？她对你说了什么？"那人咆哮道。

"你不觉得今年的花开得很好看吗？"福尔摩斯说。

"你说什么！你这个坏家伙。我可是听说过你的。你这个麻烦制造者。"

我的朋友笑了笑。

"你最好不要给我惹麻烦。我可是一个危险的男人。"那个男人拿起暖炉用的工具，并将其折成两半说："希望你不会变成这样。"说完他就走了出去。

■ 交往 [名]交流、交際　■ 不足为奇 不思議がるほどのことはない　■ 窗框 [名]窓枠　■ 说不通 筋が通らない　■ 马鞭 [名]馬の鞭　■ 天花板 [名]天井　■ 咆哮 [動]喚く　■ 麻烦制造者 トラブルメーカー　■ 惹麻烦 トラブルを起こす　■ 工具 [名]器具、道具

「父親の性格とジプシー達との交流を考えると、ストーナー嬢の結婚を阻止したいと思っても不思議はない。紐というのはジプシーのことか、あるいは金属の窓枠かもしれない。だが何も筋が通らん。だから今日、家を見に行くんだ」

ちょうどその時、大男が部屋に踏み込んできた。トップハットに長い外套、馬の鞭を手にしている。あまりに背が高いので、トップハットが天井に付くようで、顔つきは邪悪だった。

「どちらがホームズだ?」男は聞いた。

「私だ」ホームズは静かに答えた。

「ストーク・モランのドクター・ロイロットだ」

「そうか」ホームズは平然として答えた。

「娘がお前を訪ねたのは何故だ?　お前に何を言った?」男はわめいた。

「今年の花は美しいと思わないかね?」と、ホームズ。

「は!　この悪党め。お前のことは聞いているぞ。トラブルメーカーだとな」

友はにっこりした。

「俺にはトラブルを起こすなよ。俺は危険な男だからな」男は暖炉用の器具をとって2つに折り曲げた。「お前もこうならないようにしろ」そして出て行った。

"他真是个和蔼可亲的家伙，不是吗？"福尔摩斯笑着说。"我们先吃早餐吧，华生。在那之后，我要去医院获取我需要的信息。在我坐上火车之前。"

福尔摩斯回来的时候已经快一点了。他手里拿着一张写满了数字的蓝色的纸。

"我看过已故罗伊洛特夫人的遗嘱了。她每年的总收入减少到了 750 英镑。女儿们结婚时每人只能得到 250 英镑。这意味着，一旦她们都结婚了，他的钱就所剩无几了。他有最强烈的动机去阻止斯托纳小姐结婚。来吧，华生，我们现在得走了。如果你能把枪塞进你的口袋里，我会很感激的。还有一把牙刷，这就是所有你需要带的东西。"

去那所宅子很容易。那是一个大晴天，阳光明媚，几乎没有一朵云彩。春天将要来到的甜美预感和我们正在处理的丑陋事件之间的对比显得非常奇怪。我的朋友陷入了安静的沉思。突然，他抓住我的肩膀，用手指了指说：

"你快看！"

那栋老宅子出现在我的眼前。

"是斯托克·莫兰吗？"福尔摩斯问道。

■ 和蔼可亲的 [形]愛想の良い、優しい　■ 医院 [名]病院　■ 遗嘱 [名]遗書　■ 所剩无几 ほとんど残っていない　■ 牙刷 [名]歯ブラシ　■ 云彩 [名]雲　■ 沉思 [名]深く考え込むこと　■ 肩膀 [名]肩

「愛想がいい奴じゃないか」ホームズは笑いながら言った。「さて朝食にするか、ワトソン君。その後、僕は病院へ行って必要な情報を得てくるとしよう。列車に乗る前にね」

　ホームズが戻ったのは1時近かった。数字を一杯書いた青い紙を手にしていた。

　「亡くなったロイロット夫人の遺書を見たよ。収入合計は年に750ポンドに減っている。娘たちが結婚時にもらえるのは250ポンドずつしかない。ということは、2人とも結婚したら、奴は手元に金がほとんど残らなくなるということだ。ストーナー嬢の結婚を阻止する最強の動機があるわけだ。さあ、ワトソン、すぐに出発しなければ。君の銃をポケットに忍ばせてくれればありがたい。それと歯ブラシだな、持っていくのはそれだけでいい」

　館に行くのは簡単だった。快晴で、雲もほとんど無く、素晴らしい日だったといえる。春の甘い予感と、我々の手がける醜悪な事件とのコントラストが奇妙だった。友は沈思し、静かだった。突然、私の肩を掴むと、指を指した。

　「見たまえ!」

　古い館が見えた。

　「ストーク・モランか?」ホームズは尋ねた。

"是的。"车夫回答说。"最快的方法是步行穿过田野，就像那位女士一样。"

"那是斯托纳小姐吗？好吧，我们就按你说的做。"

我们越过石墙台阶，穿过田野，来到了斯托纳小姐身边。当她看到我们的那一刻，她开心得脸上泛着光泽。

"您们能来我真的很高兴。罗伊洛特医生不在，要到晚上才会回来。"

"我们已经见过您的好父亲了。"福尔摩斯向她解释了今天早上的事情。

"我的天哪！他竟然跟踪我！我们该怎么办？"

"您要非常小心才行。如果他今晚对您态度很差，我们就带您到哈罗的姨妈家去。但现在，我们必须明智地利用我们的时间。"

宅子很旧，破损的窗户上钉着木板，一股青烟袅袅升起。可以看到有建筑工人。福尔摩斯绕着这座老宅子慢慢地走了一圈。

"这就是您告诉我的那间卧室吧？"

"是的，先生。"

"有窗户吗？"

"是的，但它的大小不够一个人钻过去。"

"我明白了。那么现在请您去您姐姐的卧室，并把窗户关好。"

■ 车夫［名］御者　■ 田野［名］野原　■ 石墙［名］石垣　■ 跟踪［動］尾行する　■ 小心［動］气を付ける　■ 钉［動］(釘などを)打つ　■ 青烟［名］青い煙　■ 袅袅升起［動］(煙などが)ゆっくりと立ち上がる　■ 建筑工人　工事の作業員

「そうでさあ」御者が言った。「一番手っ取り早いのは野原を横切っていくことでさあ、あのご婦人のように」

「あれはストーナー嬢か？　よし、我々も君の言うとおりにしよう」

我々は、石垣の踏み越し段を越えて野原を横切り、ストーナー嬢に近づいた。我々を見た瞬間、彼女の顔は嬉しさで輝いた。

「いらして頂けて、本当に嬉しいですわ。ドクター・ロイロットは不在で、夕方まで戻りませんの」

「素敵なお父上にはもうお会いしましたよ」今朝の出来事をホームズは説明した。

「なんてこと！　私の後をつけたんですわ。どうしましょう？」

「非常に注意深くあることです。今晩、あなたに酷い態度を取るようなら、ハロウの叔母さまの家にお連れしましょう。だが今は、時間を賢く使わねば」

館は古く、破れ窓には板が打ち付けてあり、青い煙が空に立ち上っていた。工事の作業員がいるのだ。ホームズは古い館のまわりをゆっくりと歩き回った。

「こちらがあなたのお話しになった寝室ですね」

「さようでございます」

「窓はありますか」

「はい、でも人が通り抜けられる大きさではございません」

「わかりました。では姉上の寝室に入り、窓をしっかり閉めてください」

14

斯托纳小姐照做了。福尔摩斯试图从外面打开窗户，但他失败了。那里连把刀刃插进去的缝隙都没有。"嗯，我不认为有人能从外面进来。因此我们必须检查一下屋子里面。"

房间里很小，但感觉很舒适。有一张小床、一张梳妆台、一把棕色的椅子和一张地毯。

"不好意思。"福尔摩斯说着，便趴在地上，检查起地板来。他以同样的方式检查了墙壁。然后他拉了拉挂在床头上的门铃的拉绳，但它没有响。天花板上还有一个通风孔，与隔壁他父亲的卧室相通。

"这根拉绳很奇怪啊。"福尔摩斯说道。"接下来我们看看最里面的一间卧室吧。"

罗伊洛特医生的卧室比较大，但仍然只摆放了简单的家具。有大量的书籍，床边放着一把扶手椅和一把简单的木椅。

"这里面装了什么？"福尔摩斯摸着保险箱问道。

"只有文件，先生。"
"您曾经见过，是吗？"
"虽说是很多年以前了，但那时里面装的是文件。"
"不是猫吧？"
"不，您为什么要这样问呢？"
"因为这里有一个装牛奶的盘子。"

■ 刀刃 [名]ナイフの刃　■ 缝隙 [名]隙間　■ 梳妆台 [名]化粧台　■ 地毯 [名]絨毯　■ 门铃 [名]呼び鈴　■ 拉绳 [名]引き綱　■ 书籍 [名]書籍　■ 保险箱 [名]金庫　■ 文件 [名]書類　■ 牛奶 [名]ミルク　■ 盘子 [名]皿

　ストーナー嬢はそのとおりにした。ホームズは外から窓を開けようとしたが、できなかった。ナイフの刃の入る隙間も無いだろう。「ふうむ、誰かが外から入れるとはとても思えないな。内部を調べなくては」

　中は、小さいが感じの良い部屋だった。小さなベッドと化粧台、茶色の椅子に絨毯が置かれていた。

　「失礼」ホームズは言って、腹ばいになり、床板を調べた。同じように壁も調べた。それからベッドの枕元に垂れ下がっている呼び鈴の引き綱を引っ張ったが、呼び鈴は鳴らなかった。天井にも通風孔の穴があり、隣の父親の寝室とつながっていた。

　「この引き綱は実に奇妙だ」ホームズは言った。「今度は一番奥の寝室を見るとしよう」

　ドクター・ロイロットの寝室はもっと大きかったが、やはり簡素な家具しか置いていなかった。本が沢山と、ベッドの脇に肘掛け椅子、簡素な木の椅子。

　「この中には何が入っているのですか?」ホームズが、金庫に触れながら尋ねた。

　「書類だけでございます」

　「見たことがあるんですね?」

　「何年も前でございますけれど、書類が入っておりました」

　「猫ではなく?」

　「いいえ、どうしてまたそんなことを!」

　「ミルク皿があるからです」

接着福尔摩斯仔细检查了那把椅子，并注意到床角上缠着一条拴狗用的皮绳。"这看起来不奇怪吗，华生？"

"的确如此。这很奇怪。"

"我已经看够了，斯托纳小姐。我们出去走走吧。重要的是，您得严格按照我的建议去做。"

"当然了，我会照您说的做。"斯托纳小姐回答说。

"今天晚上我和华生将呆在您的卧室里。"

听到这儿，斯托纳小姐和我都吃惊地看着福尔摩斯。

"您就住在您以前的卧室里。等您父亲回来后，告诉他您头疼，然后回到您现在的卧室去。您必须先打开窗户，把灯放在窗户的凹槽里，然后再进入您原来的卧室。虽说它正在被拆除，但住一个晚上应该没什么问题。"

"这些事做起来很容易。"

"剩下的事就交给我们吧。"

"但是您准备怎么做呢？"

"我们将在您现在的卧室过夜，以确定您听到的声音是哪儿来的。"

"您已经知道是哪儿来的了，对吗？"

"我想是的。"

"请告诉我。"

"请允许我获取证据后再告诉您。"

■ 皮绳 [名]革ひも　■ 严格 [副]確実に、厳格に　■ 头疼 頭が痛い　■ 凹槽 [名]くぼみ

　それからホームズは椅子を注意深く調べ、ベッドの隅に犬用の革ひもが巻きつけてあるのに気づいた。「随分変わっているじゃないか、ワトソン君?」

　「確かに。随分変わっている」

　「十分拝見しましたよ、ストーナーさん。外を歩きましょう。私のアドバイスを確実に実行していただくことが重要なのですよ」

　「もちろん、おっしゃる通りに致します」ストーナー嬢は答えた。

　「ワトソンと私は今晩、あなたの寝室で過ごすことにします」

　これには、ストーナー嬢も私も仰天してホームズを見た。

　「あなたはご自分の元の寝室で過ごすのです。父上が戻ったら、頭痛がすると言って今の寝室にお引き取りなさい。窓を開けて、ランプを窓のくぼみに置いてから、元の寝室に入るのです。取り壊し中であると言っても、一晩なら大丈夫でしょう」

　「簡単なことですわ」

　「あとのことは我々に任せてください」

　「でも、どうなさるおつもりですの?」

　「我々は、あなたが現在使っている寝室で一晩を過ごし、あなたの聞いた物音の原因を究明します」

　「もう原因がお分かりでいらっしゃいますのね」

　「そう思います」

　「教えてくださいませ」

　「証拠を押さえてからということにさせてください」

"那么我姐姐是死于极度恐惧，没错吧？"

"不，我不这么认为。我认为另有原因。那么，对不住了，斯托纳小姐。如果您父亲看到我们，一切都会化为乌有。因此，请恕我无礼。正如我所说的，您只要保持谨慎，危险很快就会过去。"

我和夏洛克·福尔摩斯在附近的一家旅馆开了个房间。黄昏时分，我们可以透过窗户看到罗伊洛特医生回到了家。

当我们在旅馆等待时，福尔摩斯转向我说："诶，华生，我觉得带你一起去不太合适。我们今晚的计划很危险。"

"我能帮的上忙吗？"

"当然了。"

"那我就和你一起去吧。虽然我不清楚你所说的危险是什么。"

"奇怪的是，门铃的绳子和天花板上的洞是后来装上去的，而且睡在那个房间里的女人不久后就死了。你在看床的时候没有注意到什么奇怪的地方吗？"

"没有。"

"它被固定在了地板上。你见过这样的事吗？"

"没有啊…… 福尔摩斯！我明白你的意思了。"

"好了，今晚的事已经够恐怖的了，我现在要考虑一些有趣的事。"

■ 化为乌有 水の泡になる　■ 黄昏 [名]夕暮れ　■ 固定 [動]固定する

「では、姉は恐怖のあまり死んだのでございますね?」

「いいえ、そうは思いません。原因は別にあると考えています。さあ、失礼しますよ、ストーナーさん。父上が我々の姿を見たら、すべてが水の泡になってしまいます。ですから失礼させていただきます。私が言うとおり、気をしっかりともっていれば、危険はすぐに去っていきます」

シャーロック・ホームズと私は近くの宿に部屋を取った。夕暮れ時、そこの窓からドクター・ロイロットが帰宅するのが見えた。

宿で待機していると、ホームズが向き直っていった。「ねえワトソン、君を連れて行くのは気が引ける。今夜の計画は危険なのだ」

「私が役に立つのかね?」

「大いに」

「ならば、同行する。君の考える危険とはどういうものか見当もつかないがね」

「あの呼び鈴ロープと天井の穴が後から付けられて、その直後にあの部屋で寝た女性が死んだのはおかしい。ベッドを見たとき、変なことに気づかなかったか」

「いいや」

「床に固定してあったんだ。そういうのを見たことがあるかね?」

「無いなあ……　ホームズ!　君の言いたいことがわかったぞ」

「うむ、今夜は十分恐怖に満ちているのだから、今は楽しいことを考えるとしよう」

15

到了晚上9点左右，宅子里变得一片漆黑。2个小时慢慢地过去了，到了11点整，窗前出现了一点灯光。

"我们走吧。"福尔摩斯说。

很快，我们就在夜色中匆匆前行，寒风吹拂着我们的脸颊。进入宅子很容易。我们匆匆忙忙地脱了鞋，走进卧室。

"你必须一直坐在黑暗中。不要睡着了。这是性命攸关的事。"福尔摩斯低声说。"我就坐在床上。你坐在那边的椅子上。"

我按他说的做了，把我的枪放在桌子上。福尔摩斯也把他的手杖放在了床上。

我永远不会忘记那个夜晚。我打足精神一直坐在那儿。我知道福尔摩斯也在几英尺开外精神紧张地坐着。我们在一片漆黑中等待着。1点钟、2点钟，接着3点钟过去了，但什么也没有发生。突然，医生的房间里亮起了一盏灯，并传来了金属加热的气味。又过了30分钟。突然，传来一阵很轻的声音，就像水壶里的蒸气一样。与此同时，福尔摩斯跳下床，打开灯，开始朝天花板上的洞挥舞手杖。

"你能看见吗，华生？"福尔摩斯喊道。

但是我什么也没看见——能看见的只有苍白的，布满了恐怖神情的福尔摩斯的脸。

■ 漆黑 [形]真っ暗　■ 气味 [名]匂い　■ 水壶 [名]やかん　■ 蒸气 [名]蒸気

　館は午後9時頃、暗くなった。2時間がゆっくりと過ぎて、丁度11時に、窓のところに一点の明かりがともった。

　「行こう」ホームズが言った。

　すぐに我々は、冷たい風を頬に受けながら夜道を急いだ。敷地内に入るのは簡単だった。急いで靴を脱いで寝室に入り込んだ。

　「暗がりに座っていなければならないぞ。眠るなよ。命がかかっているのだからな」ホームズが囁いた。「私はベッドに座る。君はそこの椅子に座ってくれ」

　彼の言った通りにして、銃をテーブルの上に置いた。ホームズもステッキをベッドの上に置いた。

　あの夜のことは決して忘れないだろう。私はしっかり起きて座っていた。ホームズも、数フィート先で同じように起きているのがわかっていた。完全な暗闇の中で待つ。1時、2時、そして3時が来て、過ぎたが、何も起こらなかった。突然、ドクターの部屋に明かりがつき、金属を熱する匂いがした。さらに30分が過ぎた。突然、非常に柔らかな、やかんの蒸気のような物音が聞こえた。同時にホームズがベッドから飛び起きてランプをつけ、ステッキを天井の穴に向かって振り回し始めた。

　「見えるか、ワトソン?」ホームズが叫んだ。

　だが私には何も見えなかった——見えたのは、蒼白で恐怖に満ちたホームズの顔だけだ。

当福尔摩斯停止挥舞手杖时，从隔壁房间传来一声可怕的尖叫。这声叫喊让听到的人不寒而栗，后才我才知道村民们那晚都从床上跳了起来。

"发生了什么事？"我问道。

"这意味着一切都结束了。"福尔摩斯回答说。

"我们到医生的房间去吧。"

我们发现保险箱的门被打开了，罗伊洛特医生死在他的椅子上。他的头上缠着一条奇怪的黄色带子，上面有褐色的斑点。

"是那条带子，那条花斑带！"福尔摩斯低声说。

但这并不是一条布。而是一条黄色的蛇缠绕在医生的头上。

"一条沼泽毒蛇！"福尔摩斯喊道。"这是印度最毒的蛇。医生被咬后不到 10 秒钟就死了。暴政终究归于暴君。他给别人挖了一个坑，而自己却掉了进去。等我们把蛇放回到笼子里，就把斯托纳小姐转移到安全的地方去。之后再告诉警察发生了什么。"

这就是斯托克·莫兰的罗伊洛特医生死亡的真实过程。我们把斯托纳小姐带到她的姨妈那里，她的姨妈把她照顾得很好。随后，警方开始了进程缓慢的调查。结果是，医生是在与一只危险的宠物玩耍时死去的。

■ 不寒而栗 [形]身の毛がよだつほど恐ろしい　■ 村民 [名]村人　■ 缠绕 [動]巻きつく　■ 沼泽 [名]沼　■ 咬 [動]噛む　■ 坑 [名]穴　■ 笼子 [名]檻、ケージ　■ 转移 [動]移す　■ 进程 [名]進捗　■ 宠物 [名]ペット　■ 玩耍 [動]戯れる、遊ぶ

　ホームズがステッキを振り回すのを止めた時、隣室から恐ろしい叫び声が聞こえた。聞いた者の心を凍りつかせるような叫びで、村人たちがベッドから跳ね起きたと後で聞いた。

「どういうことなんだ?」私は尋ねた。

「すべてが終わったということさ」ホームズが答えた

「ドクターの部屋へ行こう」

　金庫のドアが開いて、ドクター・ロイロットが椅子に座ったまま死んでいるのが見つかった。頭には、褐色の斑点でまだらになった、奇妙な黄色の紐(バンド)が巻きついていた。

「紐だ、まだらの紐!」ホームズが囁いた。

　だがそれは布ではなかった。黄色い蛇がドクターの頭に巻きついていたのだ。

「沼毒蛇だ!」ホームズが叫んだ。「インドで最強の猛毒蛇だ。ドクターは噛まれて10秒で絶命している。暴虐は、暴虐者に帰するということだ。他人を落とそうと掘った穴に自ら落ちたのだ。蛇を檻に戻したら、ストーナー嬢を安全なところに移そう。それから警察に事の次第を話すのだ」

　以上がストーク・モランのドクター・ロイロットの死の顛末の真実である。我々はストーナー嬢を叔母のところに連れて行き、叔母がしっかりと面倒を見てくれた。その後、遅々とした警察の捜査が始まった。結果は、ドクターが危険なペットと戯れていて死んだということだった。

第二天，在返回伦敦的列车上，福尔摩斯说他最初完全想错了。

"他随后意识到，危险肯定是来自天花板上的那个洞，而不是来自窗户或门。那张床被固定在那里，是为了用一根绳子作为桥梁，让什么东西能够从墙上爬到床上。我立刻想到了蛇。使用一种普通科学所不知道的毒药，似乎是那个残忍的男人所能想到的事情。只要不是眼神最敏锐的验尸官，一定会看漏一个像蛇咬一样小的洞。那个人曾训练过蛇在完事后回到他的卧室。

当我们检查医生的椅子时，很明显，他是用它来垫脚的。当我看到牛奶、皮绳和保险箱时，我就确信了。斯托纳小姐听到的金属声是蛇被放回笼子后，保险箱被关上的声音。之后，我等着蛇从洞里下来。你也听到了嗖嗖的声音吧。当我听到那个声音后，我打开灯，攻击了蛇。"

"于是蛇跑回了医生的房间。"

"之后它攻击了医生而没有攻击我们。从这个意义上说，我对他的死负有责任。但我不能说我很难过或是良心不安。"

■ 桥梁 [名] 橋　■ 敏锐 [形] 鋭い　■ 训练 [動] 訓練を与える　■ 垫脚 [動] 脚立として使う
■ 难过 [形] 悲しい

翌日、ロンドンへ戻る列車の中でホームズが、自分は当初は全く間違った考えをしていたのだと語った。

「その後、危険は窓やドアからではなく、天井の穴から来たに違いないと気がついたのだ。ベッドが固定してあったのは、何かが壁からベッドに降りてくることができるよう、ロープを橋渡しに使うためだ。蛇のことが即座に頭に浮かんだ。一般の科学に知られていない毒を使うとは、あの残酷な男の思いつきそうなことだ。余程目の鋭い検死官でなければ蛇の咬(か)み跡のような小さな穴は見逃してしまうだろう。奴は、仕事が終わったら自分の寝室に戻るよう、蛇を調教していたのだ。

ドクターの椅子を調べたら、上に立つのに使っていることが明らかだった。ミルクと革ひもと金庫を見た時には確信したね。ストーナー嬢の聞いた金属音は、蛇を檻に戻してから金庫の扉を閉める音だったのだ。それから、蛇が穴から降りてくるのを待った。シューっという音、君も聞いただろうが、あれが聞こえたとき、ランプを付けて蛇を攻撃したのだ」

「それで蛇はドクターの部屋に逃げ戻ったのだな」

「そして我々の代わりに、ドクターを襲ったのだ。その意味で、私は奴の死に責任があることになる。だが悲しいとか、良心が痛むとかいうことは全く言えないね」

覚えておきたい中国語表現

福尔摩斯工作不是为了钱，而是为了展示他自己的才华。(p.96, 3-4行目)
ホームズは常に、金のためではなく、己の手腕を発揮できる仕事を愛したのだ。

【解説】"不是〜而是〜"という文法は、前者ではなく後者であるという対比関係を表現するために使われます。具体的には、"不是〜"は「〜ではない」という意味、"而是〜"は「それどころか〜」「実際には〜」という意味を表します。

【例文】

① 我爱看书不是为了考试取得好成绩，而是为了满足我的求知欲。
　　読書が好きなのは、試験で良い成績を取るためではなく、学習意欲を満たすためだ。

② 他写这篇文章不是为了赚钱，而是为了表达自己的观点。
　　彼がこの記事を書いたのはお金のためではなく、自分の意見を主張するためだ。

③ 她买这本书不是为了读，而是为了收藏。
　　彼女がこの本を買ったのは読むためではなく、コレクションするためだ。

福尔摩斯一边抚摸着她的手臂一边轻轻地说。(p.100, 1行目)
ホームズは、彼女の腕に触れながら優しく言った。

【解説】"一边〜一边〜"は、同時に複数の行動や状態が行われることを示す表現です。"一边"の後には動詞や形容詞などが来ることが一般的です。

【例文】

① 一边走路一边玩手机是很危险的。
　　歩きながらスマホをいじるのは危険だ。

② 我小的时候最爱一边吃饭一边看电视了。
　　子供の頃、食事をしながらテレビを見るのが好きだった。

③ 妈妈叫我不要一边写作业一边和同学聊天。
　　母は、宿題をしながらクラスメートとお喋りをしないようにと言った。

> 至于报酬，对我来说，工作就是报酬。（p.102, 3-4行目）
>
> お支払いですが、私にとっては仕事が報酬なのです。

【解説】"对我来说" は「私にとっては」という意味です。この表現は、話者自身の視点や意見を強調するために使われます。例文では、話者（ホームズ）が仕事自体が報酬だと感じていることを表現しています。また、例文②、③のように、「彼女にとって」「人類にとって」といった表現も可能です。

【例文】

① 对我来说，家庭是最重要的。
　　私にとっては、家族が最も重要です。

② 对她来说，工作比任何事都要重要。
　　彼女にとっては、仕事が何よりも大事です。

③ 对人类来说，移民火星这件事是遥不可及的。
　　人類にとっては、火星への移住は手の届かないものです。

> 你有没有听过有人在半夜里吹口哨？（p.106, 下から2行目）
>
> 真夜中に誰かが口笛を吹くのを聞いたことがある？

【解説】"有没有听过" は、「聞いたことがあるか」という意味で、聞き手に対して特定の経験や知識があるかどうか尋ねるために使われます。他には、"有没有看过""有没有去过""有没有尝过" などの表現もあります。

【例文】

① 你有没有听过这首歌？
　　この曲を聞いたことがありますか。

② 你有没有看过那部电影？
　　その映画を見たことがありますか。

③ 你有没有去过中国?
　　中国に行ったことがありますか。

④ 你有没有尝试过这道菜?
　　この料理を試したことがありますか。

我在伦敦还有点事要办，所以打算乘坐正午的列车在您俩到达之前回去。(p.114, 8-9行目)

ロンドンで少し用事がございますので、正午の列車で、あなた様がお着きになる前に戻っているようにいたします。

【解説】"在〜之前"は、ある出来事が起こる前に別の行動や状態が行われることを表現するために使われます。例文では、「私（ストーナー嬢）はあなた方が到着する前に正午の列車で帰るつもりです」という意味を表しています。

【例文】

① 老板的秘书会在会议开始之前准备好材料的。
　　社長の秘書は会議が始まる前に資料を準備しますから。

② 你能在我回来之前帮我照顾一下孩子吗?
　　私が帰るまでの間に子供の面倒を見てもらえますか。

他长得实在太高，以至于他的高帽几乎顶到了天花板上。
（p.116, 6-7行目）

あまりに背が高いので、トップハットが天井に付くようで、

【解説】"太〜以至于〜"は、ある程度や状態が非常に極端であることを強調するために使われます。"太"の後に程度や状態を表す形容詞や副詞が続き、"以至于"の後にそれによってもたらされた状態や事柄が続きます。

【例文】

① 这道菜的味道实在太好了，以至于我一口气吃了两碗饭。

この料理の味は非常に美味しいので、私はご飯を一気に二杯食べました。

② 那场演唱会的气氛实在太热烈，以至于大家都沉浸其中无法自拔。

そのコンサートの雰囲気は非常に熱狂的で、皆がその中に没頭して抜け出せませんでした。

空屋

空家の冒険

シャーロキアンにとっては最高傑作だが、
はじめてホームズ物語を読む人にはちょっと説明が必要だろう。
じつはホームズ物語を26作書いたところで、
ドイルは人気絶頂だったホームズを「殺してしまった」のだ。
『最後の事件』という作品のなかで、犯罪の帝王モリアーティ教授と
組み合ったままスイスの滝のなかに落ちたという設定であった。
ドイルは歴史文学を書くのが自分の本当の使命であると
考えていたからだ。

もちろんホームズ・ファンからは大ブーイングが巻き起こった。
「私がほんとうに人を殺してもこんな非難は受けなかっただろう」と
ドイルは書いている。

この作品はそれから10年後に発表されたものである。
日本の「バリツ」という武術をやっていたおかげで
ホームズだけが助かり、
その後3年間世界を放浪したのち、ワトソンの前に姿をあらわす。
……その復活の見事な演出。
ファン達の歓声が聞こえるような作品である。

空屋

　　1894 年春天，罗纳德·阿达尔爵士的谋杀案成为了整个伦敦关注的焦点。尽管从报纸上报道的诉讼内容来看，关于这起谋杀案的大量信息是为公众所知的。但由于警方没有必要将信息全部公开，因此还有大量信息未曾被披露出来。10 年后的今天，我终于被允许提供必要的信息碎片，以便更全面地介绍此案。这个案件本身就很有意思。然而，让它变得更加有趣的是，它是我一生中所遇到的最令人印象深刻和震惊的事件。即使是在时间过去很久之后的如今，当我回想起那个时刻，我仍然能感觉到脊背发凉。当然，我还想与那些对一个不同寻常的人的思想和行动感兴趣的人分享我所了解的情况。但是直到上个月，这个人还不允许我发表此事。

■ **谋杀** [動]謀殺する　■ **焦点** [名]焦点、中心　■ **诉讼** [名]訴訟　■ **公众** [名]公衆　■ **公开** [動]公開する　■ **披露** [動]世間一般に発表する　■ **允许** [動]許可する　■ **碎片** [名]断片
■ **震惊** [動]ショックを受ける　■ **脊背** [名]背骨、背中　■ **分享** [名]共有する、シェアする

空家の冒険

　ロナルド・アデア卿殺人事件がロンドン中の人々の関心の的となったのは、1894年春のことであった。この殺人については新聞で報道された訴訟内容から、かなりのところは周知の事実となっているが、警察がすべてを公にする必要はなかったために、報道されていない内容も相当ある。それから10年がたとうとする今になって、私はようやく、この事件の全体像を明らかにするために必要な情報の断片を提供することを許可された。この事件はそれ自体、興味深いものである。しかし、それ以上に興味深いのは、おそらく、私の人生で起こった最も印象的で衝撃的な出来事であった。長い時間が経過した今ですら、あの時のことを思い出すと、背筋がぞくぞくするのがわかる。もちろん私は、ひとりの類まれなる人物の思考と行動に興味をおもちの方々に、私の得た情報をお伝えしたいと思ってきた。しかし、先月になるまで、その人物自身から公表を止められていたのだ。

　　我与夏洛克·福尔摩斯的亲密关系使我对犯罪产生了浓厚的
兴趣。即使在他失踪后，我也继续阅读那些被公之于众的各种案
件。不止一次，我甚至试图用他的方法来解决那些案件，但并没
有取得多大的成功。不过，没有哪个案件比罗纳德·阿达尔的悲
剧更耐人寻味。警方虽然知道阿达尔爵士被谋杀了，但他们无法
找到凶手。此外，找不到任何犯罪动机，也使得案件更加扑朔迷
离。我确信，在这个奇怪的案件中一定有福尔摩斯感兴趣的东西。
我在外出巡诊的间隙，关于这个案子思考了很久。但我无法找到
任何令人满意的答案。

　　罗纳德·阿达尔爵士是当时住在澳大利亚的梅努斯伯爵的二
儿子。阿达尔爵士的母亲从澳大利亚回来做眼科手术，与儿子罗
纳德和女儿希尔达一起住在公园路 427 号。这个年轻人在当地有
很多好朋友，据了解，他没有对头，似乎也没有得罪过任何人。
然而，这个富有的、随和的年轻人在 1894 年 3 月 30 日晚上 10 点
到 11 点 20 分之间遭遇了非常离奇的死亡。

■ 亲密关系 親しい関係（ロマンチックな関係を指すことが多い）　■ 浓厚的 [形] 濃厚な、強い
■ 失踪 [動] 失踪する　■ 阅读 [動] 閲覧する、読む　■ 耐人寻味 [形] 興味深い　■ 动机 [名] 動
機　■ 扑朔迷离 [形] 事情が錯綜してはっきりしない　■ 间隙 [名] 隙間、合間　■ 满意 [動] 満足
のいく　■ 手术 [名] 手術　■ 对头 [名] 敵　■ 得罪 [動] 敵意を買う　■ 随和的 [形] のんびり
した、温厚な　■ 遭遇 [動] 遭遇する

　私はシャーロック・ホームズと親しくしていたことから、犯罪に強い興味をもつようになった。彼がいなくなった後も、公にされるさまざまな事件を読みふけった。一度ならず、彼の手法を使って解決してみようと試みたことすらあるが、たいした成果はあげられなかった。それでも、ロナルド・アデアの悲劇ほど興味をひかれた事件はなかった。警察は、アデア卿が殺されたことはわかっていたものの、犯人を見つけることができなかった。しかも、この犯罪には動機が見当たらず、それが解決をいっそう難しいものにしていた。私は、この奇妙な事件にはホームズの関心をひくものがあるに違いないと確信していた。往診に出かけるかたわら、私はずっと事件について考えた。でも、納得できるような答えは見つからないでいた。

　ロナルド・アデア卿は、当時オーストラリアに住んでいたメイヌース伯爵の次男にあたる。アデア卿の母親は、目の手術を受けるためにオーストラリアから帰国していて、息子のロナルド、娘のヒルダと一緒にパークレーン427番地に住んでいた。この青年には地域に良い友達がたくさんいて、知られている限りでは敵はなく、誰かの敵意を買うこともないようであった。しかし、この裕福でのんびりした青年が、1894年3月30日の午後10時から11時20分の間に、非常に奇妙な予期せぬ死を迎えることとなった。

空屋

罗纳德·阿达尔喜欢玩纸牌游戏，虽然他经常玩，但他从未投注过多到给自己惹麻烦的金额。他是几个纸牌俱乐部的成员，他去世那天在吃过晚饭后，他在一个叫巴格特尔的俱乐部打牌。根据当时和他在一起的玛丽先生、约翰·哈迪爵士和莫兰上校的证词，这场游戏他们平分秋色。阿达尔最多只输了5英镑。对于他这样一个富有的人来说，输这么一点完全不在话下。他几乎每天都在某个俱乐部打牌，但因为下注时很谨慎，通常他都会赢。根据证词，几周前，他与莫兰上校配对，在与戈弗雷·米尔纳和巴尔莫尔勋爵的比赛中赢了多达400英镑。

事发当晚，他于晚上10点从俱乐部回家。他的母亲和妹妹当晚与朋友一起外出了，并不在家。仆人说，她听到他进入三楼正面的房间，而他通常把这个房间当作起居室。她在那里点着火，并打开窗户把烟放了出去。直到晚上11点20分，梅努斯夫人和她的女儿回到家，都没有听见房间里有什么动静。当她准备向儿子道晚安时，她发现房间从里面被反锁了，她大声呼喊也没有人答应。于是她叫来了帮手，并设法打开了房门。罗纳德·阿达尔被发现侧卧在桌子旁。从他的状况推测，他应该是被一颗膨胀的子弹击中，但房间里找不到任何类似枪械的东西。桌子上放着几堆钱。有一张纸上写着数字和他曾与之对战的俱乐部朋友的名字。这表明他在死前正准备计算他在牌局中的输赢。

■ 投注 [動] (賭博や宝くじなどに) 金を注ぎ込む　■ 惹麻烦 トラブルを招く　■ 成员 [名] メンバー　■ 证词 [名] 証言　■ 平分秋色 試合が引き分けになる　■ 赢 [動] 勝つ　■ 配对 [動] ペアを組む　■ 起居室 [名] 居間　■ 烟 [名] 煙　■ 动静 [名] 物音　■ 反锁 [動] 内側から鍵をかける　■ 帮手 [名] 助っ人　■ 侧卧 [動] 横たわる　■ 类似〜 [動] 〜らしき　■ 对战 [動] 対戦する　■ 计算 [動] 計算する　■ 输赢 [名] 勝ち負け

　ロナルド・アデアはカードゲームが好きで、よく遊んではいたが、身を
滅ぼすような額を賭けることはなかった。いくつかのカードクラブのメ
ンバーで、亡くなった日の夕食後は、バガテルというクラブで勝負をして
いた。彼と一緒にいたマリー氏、ジョン・ハーディ卿、モラン大佐の証言
によれば、勝負は引き分けだったとのことだ。アデアは負けたとしてもせ
いぜい5ポンド。裕福な彼にとって、それぐらいの散財は痛くもかゆくも
ない。彼はほとんど毎日、どこかのクラブでプレーしていたが、その賭け
ぶりは慎重だったので、通常は勝利をおさめた。証言によると、数週間
前、モラン大佐とペアを組んで、ゴドフリー・ミルナーとバルモーラル卿
に対して、400ポンドもの大金を獲得していたという。

　事件の夜、彼は10時にクラブから帰宅した。母と妹はその夜、友人と
一緒にでかけていて留守だった。使用人は、彼がいつも居間として使って
いる三階正面の部屋に入る音を聞いたと証言している。彼女がそこで火
を入れ、窓をあけて煙を外に出した。11時20分にメイヌース夫人と娘が
帰宅するまで、部屋から物音は聞こえなかった。夫人は息子におやすみを
言おうとしたところ、部屋は内側から鍵がかかっており、大声で呼んでも
返事はなかった。助けを呼び、なんとか部屋を開けた。ロナルド・アデア
はテーブル脇に横たわった姿で見つかった。その状態から、彼が拡張弾で
撃たれたことが見てとれたが、部屋には銃らしきものは見あたらなかっ
た。テーブルには、金がいくつかの山に積み上げられていた。数字と対戦
したクラブの友人の名前が書かれた紙があり、彼が死ぬ前に、カードゲー
ムでの勝ち負けを計算しようとしていたのだと思われた。

进一步的调查使该案变得更加复杂。首先，不清楚为什么这个年轻人要从里面把门反锁。有可能是罪犯先锁上了门，然后从窗户逃走了。然而，窗户距离地面至少有20英尺，下面有一个花坛。花和地面上都没有被踩踏过的痕迹，房子和道路之间的草地上也没有脚印。因此，人们认为是这个年轻人自己把门关上的。然而，他是怎么死的呢？从地面爬到窗户而不留下脚印是不可能的。如果是从窗外开的枪，那么从这么远的距离造成致命的伤害是极为困难的。另外，虽然公园路是一条繁忙的街道，人流不断，但却没有人听到枪声。尽管如此，还是留下了年轻人的尸体和一颗带软头的子弹。那颗软头子弹在击中阿达尔的那一刻就像蘑菇一样展开，瞬间造成了致命的伤害。这就是公园路事件的概要。但由于不清楚动机是什么，所以找不到破案的线索。

■ 复杂 [形] 複雑 ■ 花坛 [名] 花壇 ■ 踩踏 [動] 踏みにじる ■ 脚印 [名] 足跡 ■ 尸体 [名] 死体 ■ 蘑菇 [名] きのこ ■ 破案 [動] 案件を解決する ■ 线索 [名] 糸口

　さらに捜査をすすめたところ、事件はますます複雑になった。第一に、青年が内側から扉の鍵を掛けなければならない理由がわからない。犯人が鍵をかけ、その後、窓から逃走した可能性はある。しかし、高さは少なくとも20フィートあり、下には花壇がある。花にも地面にも踏まれた跡はなく、家と道との間にある草地の上にも足跡はなかった。したがって、青年自身が扉を閉めたのだと思われた。でも、彼はどのように死を迎えたのだろうか。足跡を残さずに窓まで登るのは無理だ。窓の外から発砲したとすると、これほどの距離から致命的な傷を負わせるのは至難の業である。また、パークレーンは賑やかな通りで、人通りが絶えることはなかったのに、銃の音を聞いたという者はいなかった。それでも、男の死体と、ソフトノーズの柔頭銃弾が残されていた。弾頭のやわらかい弾丸はアデアを撃った瞬間、きのこ状にひしゃげて、一瞬で致命傷を与えた。これがパークレーン事件の概要であるが、動機がみあたらないために解決の糸口がなかった。

空屋

正如前面所说，既没有迹象表明阿达尔这个青年有任何对头，又没有迹象表明有人试图从房间里拿走钱或贵重物品。

我花了一整天的时间来思考这些事，试图找到一个令人满意的解决方案或者一个简单明了的想法——这是福尔摩斯曾经提到过的所有调查的出发点——但是，坦率地说，并不顺利。那天晚上，我出去散步，等我回过神来，发现自己在6点钟左右来到了牛津街的公园路边上。人们簇拥在一起，都在抬头看一扇窗户。这就是我之前来看过的房子。一个戴着有色眼镜的瘦高个男人——我猜是个便衣警察——正在发表他的理论，人们也都在听他说话。但他说的话在我看来很荒谬。在我离开的时候，我撞到了一个老人——他的背几乎弯成了两半，可能是因为年纪大了，也可能是因为疾病的缘故——他拿着的几本书掉在了地上。我在捡起掉落的书时，其中一本的书名引起了我的注意。那是一本关于树的专业书籍。于是我想，这个人一定是个收集小众书的可怜的书虫，无论他是为了做生意还是兴趣使然。我正想向他道歉，但似乎被我撞掉的书对他来说珍贵无比，那人愤怒地转过身去，消失在人群中。

■ 迹象 [名]形跡　■ 贵重物品 [名]貴重品　■ 简单明了的 [形]単純明快な　■ 出发点 [名]出发点　■ 坦率地说 はっきり言う　■ 回过神来 気が付く、意識が戻る　■ 簇拥 [動]群れを成す　■ 有色眼镜 [名]色眼鏡　■ 便衣警察 私服刑事　■ 荒谬 [形]ばかばかしい　■ 缘故 [名]ゆえん　■ 专业书籍 [名]専門書　■ 书虫 [名]本好き　■ 生意 [名]ビジネス

先に述べたとおり、アデア青年には敵がいた様子はなく、部屋から金や貴
重品を持ち出そうとした形跡もなかった。

　私は一日中、これらの事実を振り返り、納得できるような解決や単純明
快な発想——ホームズがかつて言っていた全ての調査の出発点となるも
の——を見つけようとしたが、はっきりいって、うまくいかなかった。そ
の夜、私は散歩していて、気が付くと6時ごろ、パークレーンのオックス
フォード街側のはずれに来ていた。人々が群れをなし、皆がひとつの窓を
見あげていた。これが私が見に来た家だ。色つき眼鏡をかけた背の高い、
痩せた男性——私服刑事だろう——が持論を展開し、集まった人たちは
彼の話を聴いていた。でも、彼の言うことは私にははばかばかしく思えた。
その場から去ろうとしたときに、年のせいか病気のせいか、ほとんど二
つ折りのように背中が曲がった老人にぶつかり、彼が持っていた本が何
冊か地面に落ちてしまった。落ちた本を拾っていると、その中の一冊のタ
イトルが目に入った。木についてのマニアックな本だった。それで私は、
この男は、商売なのか趣味か、いずれにしても、大衆向けではない本を集
める哀れな本好きなのだろうと思った。私は謝ろうと思ったが、落として
しまった本が彼にとってはこのうえなく大切な品だったようで、男は怒
りに満ちた表情で向きを変え、人混みの中に消えていった。

17

我在公园路 427 号的犯罪现场观察了一段时间，然而在解决我所感兴趣的问题方面没有取得什么进展。房子和道路被一堵大约 5 英尺的矮墙隔开。因此，有人要进入院子是非常容易的。但是，窗户就不同了。由于没有任何可供攀爬的地方，所以即便是攀岩高手也不可能爬上窗户。这让我比之前变得更困惑了，因此我决定返回肯辛顿。我进入书房不到 5 分钟，一个仆人进来告诉我，有人要见我。而那人竟是那个奇怪的老藏书家。一张被灰白头发盖住的脸探了出来。他的右手抱着好几本书——少说有 12 本。

"我来找你，一定让你感到很吃惊吧。"老人用一种奇怪的，嘶哑的声音说道。

"确实。"我回答说。

"我想为我先前的态度道歉。我不是有意冒犯你的。我真的很感谢你帮我把书捡起来。"

"没什么，这是应该的。"我说。"你怎么知道我在这里？"

"事实上，我就住在这附近。我在教会街的拐角处经营一家小书店，能见到你我真的很高兴。我猜你也一定很喜欢书吧。我给你带来了《不列颠的鸟》、《卡图卢斯诗集》和《神圣战争》。这些都是我淘来的。这五本书正好可以填满第二个书架上剩余的空间。它现在看起来有些杂乱无章。"

■ 矮墙 [名]低い塀　■ 攀爬 [動]よじのぼる　■ 高手 [名]ベテラン、達人　■ 仆人 [名]使用人
■ 藏书家 [名]本収集家　■ 嘶哑的 [形]枯れた(声)　■ 冒犯 [動]相手の機嫌を損ねる、怒らせる
■ 经营 [動]経営する　■ 淘来的 (比喩的に)掘り出してきた　■ 剩余的 [形]余った、残っている
■ 杂乱无章 [形]雑然とした

　私はパークレーン427番地の現場を観察して過ごしたが、興味をもっていた問題の解決はほとんどすすまなかった。家と道路は5フィート程度の低い塀で隔てられていた。だから、誰かが庭に入るのはごく簡単だ。しかし、窓はそうはいかない。よじのぼれるようなものが何もないので、岩登りの名人であっても窓まで辿りつくのは不可能だ。私は前よりももっと混乱して、ケンジントンに戻ることにした。書斎に入って5分もたたないころ、使用人がやってきて、私に会いたいという人が来ていると告げた。なんと、あの奇妙な本収集家の老人だった。白髪で縁取りされた顔がのぞいている。本——少なくとも12冊はあった——を右手にかかえていた。

　「私が伺ったことに、さぞかし驚かれたでしょう」と老人は、奇妙な乾いた声で言った。

　「そのとおりです」と私は答えた。

　「さきほどの私の態度についてお詫びをしなければと思いまして。悪気はなかったのです。本を拾っていただき、本当に感謝しております」

　「いえ、当然のことですよ」と私は言った。「どうしてここがわかったのですか?」

　「実は、この近所に住んでいるのです。チャーチ街の角で小さな書店をやっており、お会いできてうれしかったのです。本当に。きっとあなたも本がお好きでしょう。『イギリスの鳥』、『カトゥルス詩集』、『聖戦』をお持ちしました。どれも掘り出し物ですよ。この5冊があれば、2番目の棚の隙間がちょうど埋まるでしょう。このままではちょっと雑然として見えますよ」

　　我转过身，看了一眼身后的书架。当我再转过来时，我看到夏洛克·福尔摩斯正站在书房的桌子对面，朝我微笑。我站起来，盯着他看了好几秒钟，一句话都说不出来。我感觉好像昏过去了一样。这种体验在我的人生中仅此一次。一片灰色的云在我面前飘过，当我回过神来，我衬衫的领子已经被解开了。而我的嘴里残留着一股药味儿。福尔摩斯则弓着身子坐在我的椅子上。

　　"嘿，华生。"一个熟悉的声音说道。"抱歉。我没想到你会这么惊讶。"

　　我抓住他的胳膊。

　　"福尔摩斯！"我惊呼道。"真的是你吗？你真的还活着？你是从那个可怕的深渊里爬出来了吗？"

　　"等等。"他说。"你确定要这么说吗？看来我诡异的出现把你吓得不轻啊。"

　　"我没事。但是，我真的不敢相信自己的眼睛，福尔摩斯。这是真的吗？"我再次抓住他的胳膊，捏了捏他瘦弱的手臂。"是的，这是真的。天啊，能见到你我真是太高兴了。你先坐下来，跟我说说你是怎么从那个可怕的悬崖上活着回来的。"

■ 书架 [名]本棚　■ 书房 [名]書斎　■ 衬衫 [名]シャツ　■ 领子 [名]襟　■ 解开 [動]緩める、解きほぐす　■ 弓着身子 かがみこむ　■ 熟悉的 [形]よく知っている、なじみのある　■ 深渊 [名]奈落　■ 捏 [動]つねる　■ 悬崖 [名]崖っぷち

　私は振り返って、後ろの本棚を見た。そして向き直った時、シャーロック・ホームズが書斎の机の向こうに立ち、私に笑いかけているではないか。私は立ち上がり、何も言えないまま数秒間彼を見つめた。そしてその後失神してしまったようだ。こんなことは私の人生で後にも先にもこれきりである。灰色の雲が目の前を通り過ぎ、気が付くと、私はシャツの襟もとを緩められていた。口には気付け薬の後味があった。ホームズが私の椅子にかがみこんでいた。

　「おお、ワトソン君」と聞き覚えのある声が聞こえる。「すまなかった。君がここまで驚くとは思ってもみなかったんだ」

　私は彼の腕をつかんだ。

　「ホームズ！」声が大きくなる。「本当に君か？　君は本当に生きているのか？　あの恐ろしい奈落の底から這い上がってくることができたのか？」

　「ちょっと待ってくれ」と彼は言った。「君、こんな話をしても本当に大丈夫か。僕は不要に奇をてらった登場をして君をひどく動揺させてしまったね」

　「私は大丈夫だ。でも、本当に自分の目が信じられないよ、ホームズ。本当なんだな」私は再び彼をつかみ、彼の細い腕の感触を確かめた。「そうだな、本物だな。ああ、君に会えて本当にうれしいよ。座って、あの恐ろしい断崖からどうやって生きて帰ってこれたのかを話してくれないか」

福尔摩斯在我对面坐下，像过去一样以一种漫不经心的姿态点了一根烟。他穿着二手书店老板的旧衣服，而那个老板的残影还作为一顶白色的假发和几本旧书留在书桌上。福尔摩斯看起来比以前更老了，准确的说是更瘦削了。他的眼睛里闪烁着光芒，但他的脸却显得苍白无力，可以看出来他最近的生活并不健康。

"我很高兴你能挺直腰杆站着，华生。"他说。"一个高个子在这么长的时间里蜷缩着身子实在是难受得很。顺便说一句，如果我能指望你帮我的话，我有一些困难而危险的夜间工作想拜托你。在做完这些工作后，我再向你解释也不迟吧。"

"我等不了啊，福尔摩斯。我想让你现在就告诉我。"

"今晚你要和我一起来吗？"

"如果你愿意的话，任何时间，任何地方都行。"

"这一切都好像回到了从前。在我们出发之前，还有时间吃一顿简单的晚餐。好吧，那么，让我们来说说那次掉下悬崖的事吧。要从那里逃出来并不困难。理由很简单。那就是我从来没有掉下去过。"

"你从未掉下去过？"

■ 漫不经心的 [形] 無頓着な　■ 姿态 [名] 仕草、姿　■ 残影 [名] 残像　■ 假发 [名] かつら
■ 瘦削 [形] ほっそりとした　■ 闪烁 [動] 輝く、ひらめく　■ 光芒 [名] 輝き　■ 挺直腰杆 背中を伸ばす　■ 难受 [形] 辛い　■ 指望 [動] 頼む、頼る

　私と向かいあって腰をおろしたホームズは、昔どおりの無頓着な仕草で煙草に火をつけた。古本屋の店主の古ぼけた服を着ていたが、その人物の残像は　白髪のかつらと古本としてテーブルの上に置かれていた。ホームズは以前よりも老いたというよりいっそうほっそりとして見えた。目には輝きがあったが、顔には青白い影が差していて、このところの彼の生活が健康的なものではないことが伺えた。

　「背中を伸ばして立つことができて嬉しいよ、ワトソン君」と彼は言った。「背の高い男にとって、こんなに長い時間、身体を縮めているのは辛いものなんだ。ところで君、もし協力が頼めるならば、これから、難しくて危険な夜の仕事があるんだ。それが終わってから、全部を説明した方がいいだろう」

　「待てないよ、ホームズ。今聞かせてほしいんだ」

　「今夜僕と一緒に来るかい?」

　「君が望むなら、いつでも、どこへでも」

　「これですっかり、昔に戻ったようだ。出かける前に軽く夕食をとる時間はある。よし、それでは、あの断崖から落ちた件について話そうか。そこから脱出するのはたいして難しくはなかった。ごく単純な理由さ。そもそも落ちてなんかいなかったのだ」

　「落ちていなかったって?」

"是的，华生，我并没有掉下去。我当时给你写信说的都是真的。当我看到危险的莫里亚蒂教授出现在那条小路上——那条我本可以逃走的路——我知道我的生命已经走到了尽头。我可以从他冰冷的灰色眼睛里看出他在想什么。于是我和他谈了谈，他允许我写下你后来收到的那封短信。我把信和烟盒、还有手杖一起放下，然后就上路了。莫里亚蒂紧紧地跟在我后面。我走到了路的尽头，于是停下来等他。他没有掏出枪，而是用手紧紧地抓住我，并用他那长长的手臂把我捆住。他知道这是他的末日，于是想带我一起去死。我们俩互相纠缠着来到了悬崖边上。死亡就在眼前。但幸运的是，我成功地甩开了他的手。他发出可怕的尖叫声，试图坚持下去，并伸出手臂想抓住我，但却掉了下去。我把头探出悬崖，看见他飞快地掉了下去。他撞上了一块岩石，然后就被水吞噬了。"

这段让人匪夷所思的讲述把我听入迷了。福尔摩斯一边抽着烟一边继续说道。

"但是，脚印呢！"我说。"我可是亲眼看到的。我看到有两组脚印通向悬崖，但没有一组有折返的迹象。"

■ 小路 [名] 小道　■ 尽头 [名] 終わり、最後、突き当たり　■ 冰冷的 [形] 氷のように冷たい　■ 烟盒 [名] 煙草入れ　■ 捆住 [動] 巻きつける、縛りつける　■ 纠缠 [動] 付き纏う、しつこく絡む　■ 甩开 [動] 振り払う　■ 撞 [動] ぶつかる　■ 岩石 [名] 岩　吞噬 [動] 飲み込む　■ 匪夷所思的 [形] 不思議な、並外れている　■ 入迷 [動] 夢中になる、魅せられる　■ 继续 [動] 継続する、続ける

「そうさ、ワトソン君、落ちなかったんだ。あの時僕が君に書いた手紙は全くもって本当さ。細い小道——そこを行けば逃げられたんだ——にあの危険なモリアーティ教授の姿を見た時、いよいよ僕の人生も終わりに来たと覚悟した。彼の冷たい灰色の瞳を見れば、彼の考えていることがわかった。だから僕は彼と話をして、後に君が受け取ることになる短い手紙を書くことを許してもらったのだ。僕はその手紙を煙草入れとステッキと一緒に置き、道を進んだ。モリアーティはすぐ後についてきていた。行き止まりまで来たので、僕はそのまま待った。彼は銃も出さずに僕につかみかかってきて、長い両腕を巻きつけた。彼は自分はこれで終わりだとわかっていて、僕を道連れにしたがっていたのだ。僕らはふたりして崖っぷちでよろめいた。死は目の前にあった。しかし、運よく僕は彼の手を振り払うことができた。彼は恐ろしい叫び声をあげて、なんとかして踏ん張りつづけようとし、腕を伸ばして私をつかもうとしたが、落ちていった。僕は顔を崖からつき出して、彼がはるか下へと落ちていくのを見た。彼は岩にぶつかり、それから水にのまれていったよ」

　ホームズが煙草をふかしながら続けるこの驚くべき説明に、私は聴き入った。

　「でも、足跡は！」と私は言った。「私はこの目で見たんだよ。2つの足跡が崖へと進んでいって、どちらも引き返した形跡はなかった」

18

"事情是这样的。在教授消失的那一刻，我意识到这是上天给我的一个无比巨大的机会。我知道，莫里亚蒂并不是唯一想杀我的人。另外至少还有三个。现在他们的首领已经死了，他们可能会越来越愤怒。他们是我见过的最危险的人。他们中的一个肯定会杀了我。但是一旦全世界都认为我死了，他们就会放松警惕，从而暴露自己的身份。而我迟早会把他们干掉。那时候我就会让大家知道我还活在世上。我的脑子运转得很快，在莫里亚蒂教授到达莱辛巴赫瀑布之前，我应该就已经考虑好这一切了。

我站起来，看了看我身后的岩壁。你对这事件的描述写得真好。几个月后，我饶有兴趣地拜读了它。你在里面说这面岩壁是不可能攀爬的。但这与事实不符。岩壁上有好几处虽窄但能落脚的地方，往上还有可以栖身的大块岩石。岩壁太高了，我没办法一直爬到顶。此外，沿着湿漉漉的小路走而不留下脚印也是不可能的。所以我认为冒险攀爬才是最佳的选择。这可不是一个轻巧的工作啊，华生。

■ 上天 [名]天、神様　■ 放松警惕 油断する　■ 暴露 [動]明るみに出る　■ 干掉 [動]除く、殺す　■ 运转 [動]回転する　■ 饶有兴趣 興味津々　■ 窄 [形]狭い　■ 湿漉漉的 [形]濡れた　■ 脚印 [名]足跡　■ 选择 [動]選ぶ　■ 轻巧的 [形]容易い

「それはこういうわけだ。教授が消えた瞬間、僕は、これは天が与えた もう途方もなく素晴らしいチャンスなのだということに気付いた。僕 を殺したいと思っているのがモリアーティだけではないことはわかって いる。少なくともあと3人いて、首領が死んだ今となってはますます逆上 していることだろう。この上なく危険な連中だ。このうち誰かが、きっと 僕を殺すことになる。でも、僕が死んだと世間が思い込めば、奴らは油断 して、正体を表すだろう。そして遅かれ早かれ、僕は奴らを始末すること ができる。その時こそ、僕がまだこの地上に生きていることを皆に知らせ る時だ。僕の頭は非常な速さで働いたので、モリアーティ教授がライヘン バッハの滝壺に届く前に、ここまで全てを考え終えていたはずだよ。

　僕は立ち上がって、後ろの岩壁を見た。君、この事件についてなかなか の記述をしていたね。何ヵ月かしてから、非常に面白く読ませてもらった よ。君はその中で、壁は登ることができるようなものではなかったと言っ ていたね。それは事実とは違うんだ。小さな足場がいくつかあり、上の 方には岩棚もありそうだった。岩壁は高くて、最後まで登るのは無理だっ た。また、濡れた小道を足跡を残さずに行くのも不可能だった。それで僕 は、危険を覚悟で登るのが最善だと思ったんだ。ワトソン君、楽しい仕事 ではなかったよ。

瀑布就在我的脚下奔流。我不是那种会毫无来由地幻想的人，但我好像听到了莫里亚蒂在瀑布地下朝我喊叫的声音。只要我的脚踩空一步，那我就真的死定了。虽然有好几次我都想要放弃，但我还是坚持向上爬。后来，我终于爬到了一个有几英尺宽的地方，上面覆盖着柔软的绿草。在这里我可以躺下，并把自己隐藏起来。华生，就在你和你所有的同事正在以你一贯的有问题的方式调查我的死亡状况时，我就躺在那里呢。

最后，你还是得出了一个完全错误的结论，并朝着酒店的方向去了，留下我一个人。我以为事情就这样结束了，但还是发生了意外。一块巨大的石头从我的头顶落下，擦着我的身体，以飞快的速度滚动着，最后砸在路上，掉入了瀑布。有那么一会儿，我以为是个意外。但当我抬起头时，我看到在昏暗的天空下出现一个男人的脑袋。紧接着，又有一块石头砸在我正躺着的岩石的附近。莫里亚蒂并不是一个人在战斗。他的同伙，而且是最凶残的一个人，在教授和我搏斗的时候一直在监视着我。他从远处，在我注意不到的情况下，目睹了莫里亚蒂教授的死以及我的脱逃。他看准时机爬到了悬崖顶端，并试图完成莫里亚蒂没能做到的事情。

■ 奔流 [動]激しい勢いで流れる　■ 毫无来由地 [副]無意味に　■ 幻想 [動]妄想する　■ 踩空 [動]踏み外す　■ 坚持 [動]頑張り抜く、やり抜く　■ 覆盖 [動]覆う　■ 柔软的 [形]柔らかい ■ 隐藏 [動]隠す　■ 一贯的 [形]いつも通りの　■ 结论 [名]結論　■ 凶残的 [形]凶悪な　■ 搏斗 [動]格闘する、取っ組み合う　■ 监视 [動]監視する　■ 顶端 [名]頂上、てっぺん

　滝が僕の足元で流れているんだ。僕は無意味な妄想をするような人間ではないが、モリアーティが滝壺の底から僕に向かって叫ぶ声が聞こえたような気がした。一歩でも足を踏み外したら、今度は本当に死ぬことになる。何度ももうだめだと思いながらも、上に進んだ。そしてとうとう、何フィートかの奥行があり、柔らかい緑の草で覆われている場所にたどり着いた。ここで横になって、姿を隠すことができたんだ。ワトソン君、君と君の仲間たち全員が、僕の死んだ状況を、君のいつもどおりの問題の多いやり方で調べていた時、僕はそこに寝転んでいたのさ。

　ついに君たちは全くもって間違った結論に達し、ホテルに向かって去っていって、僕はひとりになった。僕はこの問題はこれで終わりだと思っていたが、まだ驚くことが残っていた。巨大な岩が頭上から落ちてきて、僕の傍をかすめ、猛烈な勢いで転がり、道にぶつかって滝壺へと落ちた。一瞬、僕は事故だと思った。しかし、見上げると、暮れなずむ空を背に男の頭が見えた。その後、別の岩が僕が寝ていた岩棚のすぐそばにぶつかった。モリアーティはひとりではなかったのだ。彼の仲間、それも最も凶暴な人間が、教授と僕が取っ組み合いをしている間、見張りをしていた。彼は、離れた所から、僕に気付かれずに、モリアーティ教授が死んで僕が逃げるのを見ていた。彼は頃合いを見て崖の上に上り、モリアーティができなかったことをやりとげようとしたのだ。

空屋

　　对此我没有考虑很久，华生。当我再次看到那张愤怒的脸在悬崖上窥视时，我知道下一块石头就要砸下来了。我朝着小路爬了下去。我并不觉得自己做到这一切是有多么冷静。这比向上攀爬要难上百倍。但我没有时间去考虑这些危险。第三块石头与我擦身而过。虽说有一半的高度我是滑落下去的，但由于上帝保佑，我虽然浑身是伤痕和血迹，但却成功地降落在了小路上。接着我便跑走了。我在黑暗中跑了 10 英里的山路，一个星期后我到达了佛罗伦萨。我相信世界上没有人知道我身上发生了什么。

　　这件事我只告诉过一个人——我的哥哥迈克罗夫特。我真的很对不住你，华生。但是，人们认为我已经死了，这一点非常重要。我知道，如果你不是发自内心相信我那不幸的结局，你就不可能把故事写得那么有说服力了。在过去的三年里，我有好几次都想拿起笔来给你写信。然而，每次我都担心你会出于对我的仁慈之心，说一些会泄露我秘密的话。这就是今天晚上你把我的书撞掉时，我转身离去的原因。那时我正处于危险之中。如果我在你身上看到哪怕一丝的惊讶，就会有灾难性的后果。至于迈克罗夫特，我必须得告诉他，以便让他给我寄来足够用的钱。在伦敦，事情并不像我希望的那样顺利。因为在对莫里亚蒂一伙的审判中，他最危险的两个同伙，也是我最害怕的敌人被放出来了。

■ 窥视［動］覗き込む　■ 擦身而过［動］すれ違う　■ 滑落［動］滑り落ちる　■ 上帝保佑 神のご加護　■ 伤痕［名］傷　■ 血迹［名］血痕　■ 山路［名］山道　■ 仁慈［形］思いやりがあって情け深い　■ 泄露［動］（人に知らせてはならない秘密や情報などを）漏らす　■ 审判［名］審判

　それについてそんなに長く考えることはなかったよ、ワトソン君。怒りに満ちた顔が崖を覗きこむのを再び目にして、僕は次の岩が落ちて来るのだとわかった。僕は小道に向かって這い降りた。自分が冷静にやり遂げたなんて思ってはいないよ。登るよりも百倍は難しかった。でも、危険を考えている暇はなかった。三つめの岩が傍をかすめ、僕は途中まですべり落ちた。でも神のご加護で、傷だらけ、血だらけになりながらも道に着地した。僕は走って逃げた。暗闇の中、山を越え10マイル走り、一週間後にフローレンスに着いていた。世界中の誰も、僕に何が起こったのかを知らないはずだという確信があった。

　僕はひとりだけに打ち明けた――兄のマイクロフトだ。君には本当に申し訳ないと思っているよ、ワトソン君。でも、僕が死んだと思われていることが非常に重要だったのだ。そして君自身がそれを真実だと思わなかったら、僕の不幸な最期についてあれほど説得力のある記述ができなかっただろうということもわかっている。この3年間、僕は何度も、君に手紙を書こうとペンを取った。でも、そのたびに、君が、僕に対するやさしい心遣いから、僕の秘密を暴くようなことを口にしてしまうのではないかという心配にかられた。そういったわけで、今晩君が僕の本をひっくり返した時、君に背中を向けたのだ。あの時、僕は危険の中にいた。君のどこかに驚きが少しでも見えてしまったら、悲惨な結末になっていたかもしれない。マイクロフトについては、僕が必要な金を送ってもらうために話をしておく必要があった。ロンドンでは、望んでいたようにはことはうまく進まなかった。というのは、モリアーティ一味の裁判で、最も危険な仲間のうち2人、僕が最も恐れている敵が放免されたのだ。

空屋

　　我花了两年时间在异国他乡旅行。你可能读过一个叫西格森的挪威人写的有趣的游记，但我相信你一定不知道这是你的朋友在向你汇报近况。我一直在忙于各种工作。有的使我感到快乐，有的我却不愿提及。而最近，我发现我唯一剩下的敌人就在伦敦，所以我决意回来。刚巧在那时，我听说了这个万众瞩目的公园路事件，感觉就像有人在背后推了我一把。我不仅对事件本身感到好奇，而且它似乎提供了一个解决我个人问题的机会。于是我立即来到伦敦，不做任何伪装地到访了贝克街，给了哈德森太太一个出乎意料的惊吓。我还发现迈克罗夫特把我的房间和文件都按原样摆放着。华生，那是今天2点钟的事。我希望我的老朋友华生会坐在我以前住的房间里的这把椅子上。"

　　这就是我在4月的那个晚上听到的难以置信的故事。如果不是我的老朋友福尔摩斯亲口告诉我，我是绝不会相信的，我还以为我再也见不到他了。不知怎的，他似乎察觉到了我因离别而感到很悲伤，于是他用态度而不是语言向我表达了安慰。"工作可是治疗悲伤的良药，华生。"他说。"而今晚，我们有一点工作要做。如果我们能成功地解决它，仅此一点就足以证明一个男人在这个世界上存在的意义了。"

■ 异国他乡 [名]異国の地　■ 游记 [名]旅行記　■ 提及 [動]言及する　■ 万众瞩目的 [形]万人が注目する　■ 推 [動]押す　■ 伪装 [名]変装　■ 惊吓 [名]ショック、驚き　■ 原样 [名]そのまま、かつてのまま　■ 难以置信的 [形]信じられない　■ 语言 [名]言葉、言語　■ 安慰 [動]慰める　■ 治疗 [動]治療する　■ 良药 [名]良い薬　■ 意义 [名]意義、意味

　僕は2年間、異国の地を旅行した。君はシガーソンというノルウェー人の面白い旅行記を読んだことがあるかもしれないが、僕は君が、友人から近況報告を受け取っているとは気づいていないと確信しているよ。僕はさまざまな仕事をして忙しく過ごした。楽しかったものもあれば、言いたくないものもあるよ。そして最近、残っている唯一の敵がロンドンにいると知って、僕はロンドンに戻ろうとしていた。そんな時、この非常に注目すべきパークレーン事件のことを聞いて、背中を押されたように感じた。事件自体に興味をひかれただけでなく、この事件が、僕個人の問題を解決する機会を提供してくれているように見えたんだ。それですぐにロンドンに来て、ベーカー街を変装せずに訪ね、ハドソン夫人にとんでもないショックを与えてから、マイクロフトが僕の部屋と書類を、かつてのままにしておいてくれたことを発見した。ワトソン君、それが今日の2時だ。僕はかつて住んでいた部屋で、こちらの椅子に旧友ワトソン君が座っていてくれたらなぁと願っていた」

　これがあの4月の夜、私が聞いた驚くべき話だ。二度と会うことはできないと思っていた旧友ホームズ自身によって語られたものでなかったら、とても信じることはできなかったと思う。彼は、どこからか私の身に起こった悲しい離別を知っていて、彼の思いやりは言葉ではなく態度で示された。「仕事は悲しみを癒す最高の薬だよ、ワトソン君」と彼は言った。「そして今夜、僕らの前にはちょっとした仕事がある。それをうまく解決できれば、それだけで、ひとりの男がこの地球に生きていることを正当化する理由になるよ」

　　我要求他多告诉我一些事情。"到了早上，你就会看到并听到足够多的事情了。"他说。"过去三年里的事我都会告诉你的。到了9点半，我们就去空房子探险吧。"

　　这时，和过去一模一样，我在马车上坐在他旁边。我在口袋放了一把手枪，而我的心则为这次冒险激动不已。福尔摩斯一直很安静地在思考着什么。我不知道即将发生什么事，但我从他的态度中可以看出，这将是一次危险的冒险。

　　我以为他会去贝克街，但福尔摩斯在卡文迪什广场的拐角处把马车停了下来。当他走下车时，他谨慎地查看了街道两旁，并不厌其烦地确认他在每个街角都没有被跟踪。福尔摩斯再次展现了他对伦敦非凡的了解，我们在一条条小路中间往来穿梭。接着，我们来到一条通往曼彻斯特街和布兰德福德街的小路，道路两旁矗立着一排排老旧阴森的房子。在这里，他迅速窜进一条狭窄的小巷。他穿过一扇木门，进入了一个废旧的花园。接着，他用一把钥匙打开了房子的后门。我们一起走进了房间，他在我们身后关上了门。

■一模一样 [形]全く同じ　■激动 [動]興奮する、わくわくする　■不厌其烦 [動]煩わしさを厭わない　■非凡的 [形]卓越した、尋常でない　■穿梭 [動]ひっきりなしに往来する　■矗立 [動]立ち並ぶ　■窜 [動]飛び込む　■废旧的 [形]寂れた、廃れた　■后门 [名]裏戸

　私は彼に、もっと話をしてほしいと頼んだ。「朝までには十分に見聞きできるよ」と彼は言った。「僕たちには話すことが過去3年分ある。9時半になったら、空家の冒険に出かけよう」

　その時刻、昔と全く同じように、私は馬車で彼の隣に座っていた。ポケットには拳銃をしのばせ、心は冒険にわくわくしていた。ホームズは静かに考え込んでいた。これから何がおこるのかわからなかったが、ホームズの態度から、この冒険が危険なものであることは察することができた。

　私はベーカー街に向かうのだろうと思っていたが、ホームズは馬車をキャベンディッシュ・スクエアの角で止めた。彼が外に出る時、左右を注意深く確認し、通りの角では毎回、つけられていないかを確認するのに心を砕いた。ホームズは再びロンドンに対する卓越した知識を発揮し、私たちは裏道から裏道へと歩いた。そして、古く陰気な家がたち並ぶマンチェスター街とブランフォード街に通じる小さな道に出た。ここで彼は狭い路地へ素早く飛びこんだ。木戸をくぐり抜け、さびれた庭に出た。そして鍵で家の裏戸を開けた。私たちは一緒に中に入り、彼が後ろで扉を閉めた。

19

这里一片漆黑，但我能看出这是一座空房子。福尔摩斯用他那冰冷彻骨的手抓住我的胳膊，把我拉到一条长长的走廊深处。过了一会儿，我终于可以透过前门上方的缝隙隐约看见街上的亮光。就在这时，福尔摩斯突然向右一转，于是我们来到了一个宽敞的，正方形的房间。房间里什么都没有，角落里一片漆黑。房间中央有一束来自外面街道的微弱亮光，但即便如此，我们也只能在几英尺外勉强认出对方，此外就只剩下一片黑暗。我的朋友把嘴凑到我耳边。

"你知道我们在哪儿吗？"他迅速说道。

"这里肯定是贝克街。"我一边看着窗外一边回答说。

"你说对了。我们就在那让人怀念的宿舍楼对面的卡姆登大楼里。"

"但我们为什么要来这里呢？"

"因为从这里可以很清楚地看到我们的宿舍。不好意思，华生，你再靠窗户近一点。务必要非常小心，不要让人看见。现在你再看看我们以前的宿舍。看看过去的这三年是不是完全夺走了我让你吃惊的能力。"

■漆黑 [形] 真っ暗　■冰冷彻骨的 [形] 凍えるほど寒い　■拉 [動] 引っ張る　■隐约 [形] 微かな、ぼんやりしている　■宽敞的 [形] 広い　■微弱 [形] 微かな　■勉强 [形] 気乗りがしない、渋々である　■凑 [動] 近づける　■对面的 [形] 向こうの　■清楚 [形] はっきりしている　■务必 [副] 必ずや、ぜひとも　■小心 [動] 気を付ける、用心する　■夺走 [動] 奪い去る

　そこは真っ暗だったが、空家だということはわかった。ホームズの冷た
く骨ばった指が私の腕をつかみ、私は長い廊下の奥にひっぱられていっ
た。やがて玄関の扉の上に通りのうす明りが見えた。そこでホームズは突
然右に曲がり、私たちは大きくて四角い部屋に来た。部屋の中には何もな
く、隅は暗かった。部屋の中央には外の通りからかすかな光が入っていた
が、それでも、数フィート先にあるお互いの姿をなんとか認識できる程度
で、それ以外は真っ暗だった。友は私の耳元に口を近づけた。

　「どこにいるかわかるか」と彼は早口で言った。
　「あれは間違いなくベーカー街だ」と私は窓から外を眺めながら答え
た。
　「その通り。僕らの懐かしい下宿屋の向かいに立つカムデン・ハウスの
中にいるんだ」
　「でも、なぜここへ?」
　「ここからなら、僕らの下宿がよく見えるからさ。すまないが、ワトソ
ン君、ちょっと窓に近づいてくれ。姿が見られないように十分に注意して
くれたまえ。それから僕らの古い下宿を見てみてくれ。この3年間の年月
が、君を驚かす力を僕から完全に奪ったかどうか確認してみよう」

我一点一点地向前挪动，并向窗外看去。当我向外看时，我惊讶地叫出声来。房间里光线充足，我可以清楚地看到一个坐在椅子上的男人的背影。那个背影的轮廓只可能是那个人。那是福尔摩斯完美的复制品。我十分惊讶，以至于伸手去确认站在我旁边的那个是真人。他为了忍住不让自己笑出声来，浑身颤抖个不停。

"怎么样？"他问道。

"这到底是什么？太难以置信了。"我感叹道。

"你似乎很高兴啊。"他说。我可以从他的声音里听出一个画家对自己的作品感到的那种喜悦。"你不觉得它真的很像我吗？"

"它怎么看都是你啊。"

"这是格勒诺布尔的奥斯卡·穆尼耶的作品。这是我今天下午来贝克街的时候准备的。"

"但是，你用它来干嘛？"

"华生，当我在别处时，我想让有些人以为我就在那里。"

"你认为那间屋子被人监视了吗？"

"肯定是被人监视了。"

"被谁？"

■ 挪动［動］少しずつ動く　■ 背影［名］後ろ姿　■ 轮廓［名］輪郭　■ 忍住［動］我慢する
■ 喜悦［名］喜び

　私は少しずつ前に進んで、窓から外を見た。そこを見たとき、驚きで大きな声を出してしまった。部屋の中にはこうこうと明かりがついていて、椅子に座っている男の影がはっきりと見えた。この輪郭は、あの人物以外にありえない。ホームズの完全な複製だった。あまりに驚いて、手を伸ばして実物が隣に立っているのを確かめたほどだ。彼は笑い出すのを我慢しようとして体を震わせていた。

　「どう」と彼は言った。

　「何なんだ！　信じられない」と私は叫んだ。

　「喜んでくれたようだね」と彼は言った。その声には、画家が自分の作品に対して感じるのと同じ喜びが感じられた。「本当に僕に似ていると思わないかい？」

　「君にしか見えないよ」

　「グルノーブルのオスカル・ムニエ氏の作なんだ。今日の午後、ベイカー街を訪れた時に僕が準備しておいた」

　「でも、何のために？」

　「ワトソン君、僕が実際には別の場所にいるときに、僕があそこにいると思わせておきたい奴がいるからだ」

　「あの部屋が見張られていると思ったのか？」

　「間違いなく見張られている」

　「誰に？」

"被我的一个老对手，华生。莫里亚蒂的同伙。你还记得吧，他们，只有他们知道我还活着。他们知道我迟早要回到这个房间来。他们一直在监视着，今天早上终于发现我回来了。"

"你是怎么知道的？"

"我认出了那个负责监视的人。我从窗户向外看时，看到了他的脸。那人没有什么可怕的。他的名字叫帕克，我对他不屑一顾。但他身后那个极为可怕的人需要多加提防。他是莫里亚蒂的好友，也是那个从悬崖上往下扔石头的人。他是伦敦最危险的罪犯。他就是今晚要追杀我的人。但是你看，华生，这个人并不知道我们盯上了他。"

福尔摩斯的计划变得逐渐清晰起来。在这个地方，监视别人的人被别人所监视，追踪别人的人被别人所追踪。一旦在路上出现那个憔悴的脸庞，敌人就会一股脑地冲上来。于是我们选择了等待。我们静静地并肩站在黑暗中，远远看着那些匆匆走过的人。福尔摩斯虽然没有动地方，但我可以看到他在观察每个人经过时的样子，而且不放过任何一个细节。那是一个寒冷的夜晚，风吹过长长的街道。来来往往的人很多，但大多数人都裹着大衣。有一两次我觉得我看到了之前见过的人。然后我注意到有两个人在街边稍远处的一所房子的门口避风。

■ 对手 [名]（競技や試合の）相手　■ 迟早 [副] 遅かれ早かれ早晩　■ 负责 [動] 担当する　■ 提防 [動] 用心する、警戒する　■ 追杀 [動] 追いかけて殺そうとする　■ 清晰 [形] はっきりしている、明晰である　■ 一股脑地 [副] 一気に、残らずに全部　■ 选择 [動] 選ぶ、選択する　■ 避风 [動] 風をよける

「僕の古い敵にだよ、ワトソン君。モリアーティの一味さ。憶えている
だろう、僕がまだ生きているということを、奴らが——奴らだけが知って
いるんだ。遅かれ早かれ、奴らは僕がこの部屋に戻ってくるはずだと踏ん
でいた。ずっと見張っていて、今朝僕が戻ってきたのを見つけた」

「どうしてわかった？」

「見張りの男に見覚えがあった。僕が窓から外を見た時に、顔を見たん
だ。それほど害がない男さ。パーカーという名前だが、奴のことは気にし
ていない。しかし、やつの後ろにいる非常に恐ろしい人物は要注意だ。モ
リアーティの親友であり、崖の上から岩を投げ落とした男、ロンドンで最
も危険な犯罪者だ。この男が、今夜僕を狙っている。そしてね、ワトソン
君、この男は、僕らが彼を狙っていることに気付いていないのさ」

ホームズの計画が少しずつわかってきた。この場所から、見張り役が見
張られ、追跡者が追跡される。あの痩せた横顔が道路に映れば、敵をおび
き寄せることができる。私たちは待った。無言で暗闇の中に並んで立ち、
人々が急ぎ足で行きかうのを眺めた。ホームズは身動きをしなかったが、
何ひとつ見落とすまいと、通り過ぎる一人一人をしっかりと見ているこ
とがわかった。冷え込む夜で、風が長い通りを吹きぬけていた。大勢の人
が行きかっていたが、ほとんどの人がコートを着込んでいた。一度か二
度、以前に見かけた人物を見たような気がした。そして、通りを少し行っ
た家の戸口で、風をよけるようにしている2人の男に注目した。

我想把这件事告诉福尔摩斯，但他立即摇了摇头，继续看着街道。福尔摩斯心神不宁，很明显，整个计划并没有预想的那么顺利。当时间终于来到 12 点附近，街道上的人也变得越来越少时，他终于无法抑制住自己焦躁的情绪，开始在房间里来回踱步。我正准备对他说些什么，但我的目光突然落在一扇亮着灯的窗户上。紧接着，我被下了一大跳，和上次如出一辙。我用手指着大喊道。

"人影动了！"

事实上，影子这时不是朝向侧面，而是朝向另一面，也就是说它背对着我们。

虽说三个年头过去了，但他对智力不如自己的人的嘲讽并没有任何改变。

"当然动了。"他说。"华生。我看起来像那种会摆出这么明显的像木偶一样的东西，还指望莫里亚蒂的同伙被它骗过去的白痴吗？我们在这个房间里已经呆了两个小时了。哈德森太太在这段时间里已将那个人偶移动了八次，即每 15 分钟移动一次。我为了让她不映出自己的影子，专门让她从前面做的。哎！"

■ 摇头 [動] 頭を振る ■ 心神不宁 [動] 心が落ち着かない ■ 明显 [形] 明らかである ■ 顺利 [形] 順調である ■ 如出一辙 そっくり同じである ■ 嘲讽 [動] 当てこする、皮肉を言う ■ 木偶 [名] 人形、パペット ■ 白痴 [名] 間抜け ■ 影子 [名] 影

　私はそのことをホームズに話そうとしたが、彼は即座に頭を振って、道を見続けた。ホームズの心が落ち着かず、計画が全体として思うようにいっていないというのは明らかだった。いよいよ12時近くになって、人通りが次第にまばらになってくると、彼は動揺を抑えきれず、部屋を行ったり来たりした。私が何か話しかけようとした時、ふと灯りのついた窓に目が留まった。そして、前回とほとんど変わらない大きな驚きに襲われた。私は指を指して叫んだ。

「影が動いた」

　実際、影はこの時、横顔ではなく後ろ向き、つまりこちらに背を向けた姿になっていた。

　3年の年月が流れても、ホームズの、自分よりも知性の劣る人間に対する辛辣さは変わっていなかった。

「もちろん動いたよ」と彼は言った。「ワトソン君。僕がそんなあからさまに人形だとわかるようなものを置いて、モリアーティの一味の誰かがそれに騙されると期待しているような間抜けに見えるかい？　僕らはもう2時間、この部屋にいる。ハドソン夫人はその間に、あの像を8回、つまり15分ごとに動かしているよ。自分の影が映らないように、前方からやってもらっているんだ。あ!」

他的呼吸声很深沉。在昏暗的灯光下，可以看到当他探出脑袋，环顾四周时，整个身体都几乎静止不动。外面的街道上已经看不到一个人影了。之前的两个人似乎还在门口，但已经看不到他们了。除了我眼前亮着灯的窗户和映在窗户上的一个黑色人影之外，一切都是那么安静和黑暗。在一片寂静中，我可以听到福尔摩斯细微的呼吸声——有什么事情即将发生。下一刻，他就把我拉到了房间里最黑暗的角落。我知道无论如何我都必须保持安静。我从未见过我的朋友如此不安。尽管如此，我们面前漆黑的街道上仍旧看不到一个人影。

突然间，我意识到了一个他的感官已经察觉到的声音。这个低沉的声音，不是来自贝克街的方向，而是来自我们藏身的这所房子的后面。门打开了，然后又关上了。接下来，我听到走廊上传来一阵脚步声。福尔摩斯向后退去，把背贴在墙上，我也这样做了，并且手里握着枪。我向漆黑的走廊望去，可以分辨出一个男人的轮廓，而这个人看上去比门后面的黑暗还要黑。他停顿了一会儿，然后走进房间。他距离我们不到三码远。我已经为这个危险人物扑向我们做好了准备，但很快就发现他并没有意识到我们的存在。

■ 深沉 [形]深い　■ 昏暗的 [形]薄暗い　■ 即将 [副]まもなく、すぐに　■ 仍旧 [副]依然として　■ 脚步声 [名]足音　■ 握 [動]握る　■ 停顿 [動]立ち止まる

　彼ははっとして息をのんだ。薄暗い光の中で、彼が頭を突き出し、全身を硬直させて様子をうかがっているのがわかった。外の通りは人っ子ひとりいなかった。例の2人の男はまだ戸口にいるようだが、もうその姿を見ることはできなかった。全てが静かで暗く、目の前にある灯りのついた窓と、その中央に浮かんだ黒い人影が見えるだけであった。その静けさの中で、ホームズの細い息の音が聞こえた——何かが起ころうとしている。次の瞬間、彼は私を部屋の一番暗い隅に引っ張っていった。何があっても静かにしていなくてはならないのだとわかった。友がこれほど動揺したのを私は見たことがない。しかし、私たちの前の暗い通りには、あいかわらず誰もいなかった。

　しかし突然、私は彼の感覚がすでに感知していた音に気付いた。低い音が、ベーカー街の方向からではなく、私たちが隠れているこの家の後ろから聞こえてきたのだ。扉が開き、閉じられた。次の瞬間、廊下を進む足音が聞こえた。ホームズは後ずさりして壁に背中を付け、私も、銃に手をかけながら同様の姿勢をとった。暗い廊下をのぞくと、開いた扉の暗闇よりもさらに黒い男の輪郭が確認できた。彼は一瞬立ち止まり、それから部屋に入ってきた。私たちから3ヤードと離れていないところにいる。この危険な人物がとびかかってくるのではと身構えたが、間もなく、彼が私たちの存在に気付いていないことがわかった。

　　他从我们身边走过，径直来到窗前，静悄悄地将身子抬高了约半英尺。当他俯下身子到达窗缝的高度时，路灯直射到他的脸上。他的手里拿着一根看起来像手杖的东西。然后他从大衣里拿出一个看上去有些分量的东西，放在手杖旁边。当他抬起身子时，我认出了他手里的东西是某种枪械。他打开枪尾，在里面塞了些东西，然后关上。接着他蹲下身子，把枪管的一端放在打开的窗子的窗台上。我可以看到他的眼睛在透过瞄准器看时闪出一道光。他扛起枪，静静地等了一会儿，然后就开枪了。房间里几乎听不到任何声响，但马路对面的窗玻璃碎裂的声音响彻了整条街道。就在这时，福尔摩斯跳到那人的背上，朝他的脸上打去。那人立即站起身来并抓住了福尔摩斯的脖子，但当我用枪托打在他脑袋上时，他就又躺在了地板上。于是我骑在那人身上并按住他，而福尔摩斯则大声吹响了哨子。我听到外面有奔跑的脚步声，两名警察和一名便衣侦探从前门冲进了房间。

　　"你是雷斯特雷德先生？"福尔摩斯问。

　　"是的，福尔摩斯先生。是我主动接下的这份工作。我很高兴您能回伦敦来。"

■ 分量 [名]重さ　■ 塞 [動]詰める　■ 蹲下 [動]しゃがむ　■ 瞄准 [動]照準する　■ 几乎 [副]ほとんど　■ 碎裂 [動]砕ける　■ 响彻 [動]響き渡る　■ 脖子 [名]首　■ 哨子 [名]呼び子

　彼は私たちのすぐ傍を通りすぎると、窓に近づき、音をたてずに半フィートほど引き上げた。彼がこの隙間の高さまで身を沈めた時、通りの灯りがまともに彼の顔を照らした。彼はその手に、杖のようなものを手にしていた。それから彼はコートから重そうな物体を取り出し、杖とその物体を並べて置いた。彼が身体を起こした時、私は彼の手にあるのが銃の類であるとわかった。彼は銃尾を開くと何かを詰め、閉めた。そしてしゃがみこんで、開けた窓の桟の上に銃身の先を据えた。照準をのぞく彼の目が光るのがわかった。彼は銃を肩にかけ、しばらく静止し、そして発砲した。部屋にはほとんど音がしなかったが、道路の向こう側の窓ガラスが砕ける音が通りに響き渡った。その瞬間、ホームズが男の背中にとびかかり、顔を叩きつけた。男はすぐに立ち上がってホームズの首をつかんだが、私が拳銃で彼の頭を殴ると、再び床に倒れた。私は馬乗りになって男を押さえつけると、ホームズは呼び子を高々と鳴らした。外を駆けてくる足音が聞こえ、2人の警察官と私服刑事がひとり、正面の扉から部屋になだれ込んできた。

　「君、レストレード君か？」とホームズが尋ねた。

　「ええ、ホームズさん。自分でこの仕事を請けたのです。ロンドンにもどられて嬉しく思います」

20

等我们都站起身来，我才终于看清了抓住的那个男人。一张倔强而凶残的脸也正看向我们。他没有看其他任何人，只是一直盯着福尔摩斯的脸。从他的眼睛里可以看到仇恨和惊讶并存的神情。"你太聪明了。"他继续说道，"你真是聪明得过分了。"

"上校。"福尔摩斯说。"自从我躺在莱辛巴赫瀑布上方的岩壁上，差点被你杀了之后，我们就再也没有见过吧。没想到会以这种方式见面。"

上校仍旧盯着我的朋友，他似乎还没想清楚发生了什么。"先生们，想必你们还没有见过塞巴斯蒂安·莫兰上校吧。这位就是了。"福尔摩斯说。"他曾隶属于英国陆军，是我国培养的最优秀的神枪手之一。我很惊讶，我仅用最简单的计划就骗过了你这种老练的战士。"

莫兰上校愤怒地喊叫着，并试图朝这边扑过来，但警官们把他推了回去。

"实际上，你让我小小地吃了一惊。"福尔摩斯接着说，"我没想到你会利用这所空房子和这扇窗户。我以为你会在街上完成你的工作。我的朋友雷斯特雷德和他的朋友们也在那儿等着你。除了这点以外，一切都和我预料的一样。"

■ 凶残的 [形]凶恶な　■ 仇恨 [名]憎悪　■ 神情 [名]表情　■ 隶属 [動]所属する　■ 陆军 [名]陸軍　■ 培养 [動]輩出する、培う　■ 优秀的 [形]優秀な　■ 神枪手 [名]射撃の名手　■ 老练的 [形]老練な　■ 战士 [名]戦士

　私たちは皆立ちあがり、私はようやく、捕まえた男をよく見ることができた。屈強でいかにも凶悪な顔がこちらを向いていた。彼は他の誰にも注目せず、ただホームズの顔をじっと見ていた。その目には、深い憎悪と驚愕が同じくらいの割合で表れていた。「お前は賢すぎる」。彼は言葉をつづけた。「ずる賢いんだ」

　「大佐」とホームズが言った。「僕がライヘンバッハの滝の上の岩棚に寝そべっていた時、あなたに殺されそうになって以来ですね。こうしてお会いするのは」

　大佐はまだ、何が起こったか理解できないような面持ちで我が友をにらみつけていた。「皆さん、セバスチャン・モラン大佐にお会いになったことはないでしょう。こちらがそのお方です」とホームズは言った。「かつてイギリス陸軍に所属し、我が国が輩出した最優秀射撃者に数えられる人物です。私のごく単純な計画で、あなたのような老練な戦士をだますことができたとは驚きであります」

　モラン大佐は怒りの叫び声をあげてとびかかろうとしたが、警官たちが彼を押し戻した。

　「実は、あなたは僕にひとつの小さな驚きをもたらした」とホームズは続けた。「あなた自身がこの空家とこの窓を利用するとは思っていなかったよ。通りから仕事をすると踏んでいた。そこでは友人のレストレード君と仲間が大佐を待っていたんだ。この点以外は、全ては僕の予想した通りになった」

莫兰上校转向雷斯特雷德警官。

"我不知道你是否有合理的理由逮捕我。"他说,"但至少我没有理由再听这个家伙说下去了。如果你是以法律的名义逮捕的我,那么就请以合法的方式对待我。"

"的确,你说的很对。"雷斯特雷德说。"福尔摩斯先生,在我们带走他之前,您有什么想说的吗?"

福尔摩斯从地板上捡起了那把威力巨大的气枪,检查了一下它的构造。

"这是一把罕见的,有些不同寻常的枪。"他说。"虽无声响,却威力惊人。我曾听说过,它是冯·赫尔德,即那位德国的盲人技师应已故莫里亚蒂教授的要求制造的。多年来,我一直知道这把枪的存在。只是我从来没有机会拿在手里。雷斯特雷德,请你好好保管这把枪和这些特殊的子弹。"

"我会负责保管的,福尔摩斯先生。"雷斯特雷德警官说。接着他们就向门口走去。"您还有什么想说的吗?"

"只有一件事。能告诉我你们将以何种罪名向上校提出指控吗?"

"什么指控?那当然是谋杀夏洛克·福尔摩斯先生未遂的罪名了。"

■ 对待 [動]扱う　■ 气枪 [名]空気銃　■ 构造 [名]構造　■ 一直 [副]ずっと　■ 罪名 [名]罪状　■ 指控 [動]告発する、告訴する

　モラン大佐はレストレード刑事の方を向いた。

　「私を逮捕する正当な理由があるかどうかは知らん」と彼は言った。「だが、少なくとも、私がこいつの話をこれ以上聞かなくてはならない理由はない。私が法の手にあるとしたら、法的なやり方で事を進めてくれ」

　「なるほど、ごもっともです」とレストレードは言った。「ホームズさん、連行する前に、ほかにおっしゃりたいことはありませんか?」

　ホームズは床から強力な空気銃を拾い上げ、その仕組みを調べていた。

　「これは珍しい、ちょっとない銃だ」と彼は言った。「無音ながら抜群の威力をもつ。フォン・ヘルダー、故モリアーティ教授の依頼でこれを作った盲目のドイツ人技師のことは聞いていたよ。何年も前から、僕はこの銃の存在を知っていた。ただ、実物を手にしたことはなかったけれどね。レストレード君、この銃と、この特製銃弾を大切に保管するようお願いしたい」

　「責任をもってお預かりします、ホームズさん」とレストレード刑事は言い、一団は扉の方へと移動していった。「何かほかに、おっしゃりたいことがあれば」

　「ひとつだけ。大佐をどんな容疑で告発するのか教えてくれないか」

　「どんな容疑ですと?　それはもちろん、シャーロック・ホームズ氏の殺人未遂罪です」

空屋

"雷斯特雷德，这可不行。我无意在此案中成为公众人物。只有你会在这次逮捕中留下美名。是的，做得好，雷斯特雷德。是你经过了精心准备，并且凭借超人的胆识才逮捕了他的。"

"逮捕了他？逮捕了谁，福尔摩斯先生？"

"警察当局一直在全力寻找的那个人，塞巴斯蒂安·莫兰上校。他在上个月30号通过公园路427号三楼的一扇敞开的窗户向罗纳德·阿达尔爵士开枪，用的是装有膨胀子弹的气枪。这就是罪状，雷斯特雷德。现在，华生，如果你能忍受从破窗吹进来的冷风，我想你在我的书房里和雪茄烟一起呆上30分钟，对你来说会是一段相当有意义的时光。"

我们以前住的房间在迈克罗夫特·福尔摩斯的指示下，被保持着和过去一样的状态。当我们进入房间时，哈德森太太对我们俩分别投来了温暖的微笑。而在那里，我看到了那个在今晚的冒险中起了关键作用的奇怪的人偶。这个酷似福尔摩斯的人偶几乎完好无损，但它还是被那颗膨胀的子弹损伤到了。子弹穿过了它的头部，打在了后面的墙上。我把它从地上捡了起来。

■ 精心准备 入念に準備する　■ 胆识 [名]度胸　■ 忍受 [動]我慢する、耐える　■ 雪茄烟 [名] 葉巻　■ 关键作用 重大な役割　■ 完好无损 完全無欠である　■ 损伤 [動]損傷する

184

「レストレード君、それは違う。僕はこの事件では表に出るつもりは全くない。君一人がこの逮捕劇で名を遺すんだ。そうさ、レストレード君、よくやった。君は持ち前の、入念な準備と大胆な行動力で彼を逮捕したんだ」

「彼を逮捕した？　誰を逮捕したのですか、ホームズさん」

「警察当局が全力をあげて探していた男、セバスチャン・モラン大佐、先月の30日に、ロナルド・アデア卿を パークレーン427番地三階正面の開いた窓越しに、空気銃を使って拡張弾で撃った男だ。レストレード君、これが罪状だよ。さあ、ワトソン君、もし割れた窓から吹き込む冷たい風に耐えられるのなら、僕の書斎で葉巻とともに30分ほど過ごすのは、君にとってなかなか興味深い時間になると思うがね」

　私たちがかつて住んでいた部屋は、マイクロフト・ホームズの指示により、昔と変わらぬ状態に保たれていた。私たちが部屋に入ると、ハドソン夫人が私たちそれぞれににっこりとほほ笑んでくれた。そして私はそこで、今夜の冒険で重大な役割を果たした奇妙な人形を見た。ホームズに瓜二つの人形はほとんど完璧な状態だったが、拡張弾による損傷は残っていた。弾は頭を貫通して後ろの壁にぶつかっていた。私はそれを床から拾いあげた。

　　"华生，如你所见，这是颗软头子弹。他真聪明。谁能想到这种东西能从气枪里发射出来呢？啊，行了，哈德森太太。谢谢您的帮助。现在，华生，能再让我看看你是怎么坐在你以前的指定座位上的吗？有几件事我需要和你确认一下。"

　　我在椅子上坐下来，福尔摩斯继续说。

　　"那个老射手的反应和视力都和从前一样。"他看着人偶上的那个洞笑着说。"就打在后脑勺的中间。他在军队里肯定是最好的射手。即使在伦敦也没有多少狙击手能与他相比。你听说过他吗？"

　　"不，我没听说过。"

　　"好吧，也许你是对的。但你说你甚至从未听说过莫里亚蒂教授，他可是本世纪最聪明的人之一。总之，莫兰上校据说是一个耀眼的军事传奇。到某个时期为止，他都很成功。以至于他的成就直到今天还被人津津乐道。但由于某些原因，事情开始向坏的方向发展。他的问题虽说没有被公之于众，但他还是被迫离开了印度。之后他就退役了，回到伦敦后，再次获得了恶名。他被莫里亚蒂教授选中也是在那个时候。他在团伙中的位置仅次于莫里亚蒂教授。

■ 软头子弹 柔頭銃弾　■ 确认 [動]確認する　■ 反应 [名]反応　■ 后脑勺 [名]後頭部　■ 狙击手 [名]スナイパー　■ 耀眼的 [形]輝かしい、眩しい　■ 传奇 [名]伝説　■ 津津乐道 得々として楽しそうに話す　■ 被迫 [動]余儀なく〜させられる　■ 退役 [動]引退する、退役する

「ワトソン君、見てのとおりの柔頭銃弾だ。実に賢いね。誰がこのようなものが空気銃から発射されたと思うだろうか。ああ、もう結構です、ハドソンさん。ご協力に感謝いたします。さあ、ワトソン君、君が以前の指定席に座る姿をもう一度見せてくれないか。君と確認しておきたい点がいくつかある」

私は椅子に座り、ホームズが続けた。

「あの年老いた射手は、神経も視力も現役だ」と、人形に開いた穴を見ながら笑って言った。「後頭部の真ん中だ。軍では最高の射手だっただろう。ロンドンでも彼を超えるスナイパーはそうはいまい。彼の名前を聞いたことがあるか?」

「いや、ない」

「まあ、そうかもしれない。だが、たしか君は、今世紀最高の頭脳をもつ人物のひとりであるモリアーティ教授の名前も聞いたことがないと言っていたな。ともかく、モラン大佐は軍人としては名誉ある伝説の人物のようだよ。ある時点まではうまくいっていた。彼の功績については未だに語りつがれているよ。でも、何らかの理由で、悪い方向へ向かい始めた。公にされた問題はないものの、インドを離れることを余儀なくされた。そして退役してロンドンに戻ってきて、再び悪名を得た。モリアーティ教授に見出されたのはこの時さ。彼はこの一味で、モリアーティ教授に次ぐポジションについた。

莫里亚蒂给他钱，只让他干一两件极为复杂的工作，而这些工作是普通的犯罪分子没办法做到的。你还记得斯图尔特夫人在1887年死去的事吗？你不记得了？嗯，我确信是莫兰动的手。但我没有任何证据可以证明。上校总是很巧妙地把自己隐藏起来，即使在莫里亚蒂的团伙被摧毁时，我也没能找到关于他的任何证据。你还记得我去你房间的时候，因为害怕气枪而不愿站在窗前的事吧。你一定认为我的想法十分愚蠢吧。但我知道这把枪的存在，以及枪后面是世界上最好的射手这件事。我们在瑞士的时候，他和莫里亚蒂一起跟踪我们。而且毫无疑问，是他让我在莱辛巴赫的岩壁上度过了最糟糕的5分钟。

在法国逗留期间，我不厌其烦地查阅报纸，寻找机会抓住他。只要他在伦敦是自由的，我的生活就没有真正的价值可言。他会没日没夜地追杀我，迟早会找到机会下手的。而我可以做什么呢？我不能找到他并杀死他。如果我这样做，我自己也会被指控为谋杀。结果就是，我什么也做不了。尽管如此，我知道我迟早得抓住他，所以我查看了犯罪新闻。就在那时，我听说了罗纳德·阿达尔爵士的死讯。终于，我的机会来了。根据到那时为止发生的事情，我确信是是莫兰上校干的。

■ 摧毁 [動] ぶち壊す　■ 愚蠢 [形] 愚かである　■ 毫无疑问 [副] 間違いなく　■ 糟糕的 [形] まずい、ひどい　■ 查阅 [動] 調べる、チェックする　■ 价值 [名] 価値　■ 没日没夜地 [副] 日夜　■ 死讯 [名] 死亡のニュース

　モリアーティは彼に金を与え、一つ二つの、普通の犯罪者では請け負えないような極めて高度な仕事だけを与えた。君は1887年のスチュワート夫人の死を憶えているだろうか。憶えていない？　ああ、僕は、モランが手を引いていたと確信している。でも、証明できるものは何もない。大佐は実に巧妙に身を隠していたので、モリアーティの一味が壊滅されられたときでさえ、彼についての証拠を見つけることはできなかった。僕が君の部屋を訪ねた時、空気銃を恐れて窓の前に立とうとしなかった時のことを憶えているだろう。なんてばかなことを考えているんだと思っただろうね。けれども、僕は、この銃があるということと、その後ろには世界最高の射手がいるということを知っていた。僕たちがスイスにいた時、彼はモリアーティと一緒に後をつけてきた。そして、ライヘンバッハの岩棚で、僕に最悪の5分間をもたらしたのが彼であることは間違いない。

　フランスに滞在中、僕は新聞を丹念にチェックして、彼を捕まえる機会をうかがっていたんだ。彼がロンドンで自由にしている限り、僕の人生は本当の意味で生きる価値がないものになる。日夜、彼は僕を追い、遅かれ早かれチャンスを手にするはずだ。僕に何ができるだろう。彼を見つけて殺すことはできない。そんなことをしたら僕自身が殺人罪で起訴される。結局、どうすることもできなかった。それでも、いずれ彼を捕まえなければということはわかっていたから、犯罪のニュースをチェックしていた。その時、このロナルド・アデア卿死亡のニュースを知った。ついに僕にチャンスがやってきた。これまでの経緯を踏まえれば、モラン大佐がこれをやったということは確実だろうと思ったよ。

他和这个年轻人打完牌，从俱乐部跟踪他到他家，并通过打开的窗户向他开了枪。这一点毋庸置疑。仅仅那颗子弹就足以证明。于是我马上回到这儿，但被一个监视我的人发现了。我知道这个人会把我的事告诉上校。上校无疑会觉察到我的突然返回是由他的犯罪导致的。我明白他会马上拿出那把可怕的枪来对付我。于是我在窗口为他准备了一个完美的目标，并告诉警察，我可能会需要他们的协助。哦，对了，华生，你很好地注意到了门口的警察。我选择了一个我认为很适合监视的地方，但做梦也没想到他会选择同一个地方来取我的性命。那么现在，华生，还有什么我没有向你解释的吗？"

"有。"我回答说。"你还没有告诉我莫兰上校杀害罗纳德·阿达尔爵士的动机呢。"

"哦，华生。关于这一点我只能猜测了。即使头脑最清醒的人也可能得到错误的答案。每个人都可以从被给予的证据中得出自己的答案。你给出的答案和我给出的答案，有同等的概率是正确的。"

"那么你已经得出自己的答案了？"

■ **毋庸置疑** 疑う余地がない　■ **协助** [名]協力　■ **性命** [名]命　■ **杀害** [動]殺害する〈ネガティブな意味にしか使えない〉　■ **猜测** [動]推測　■ **错误的** [形]間違った　■ **给予** [動]与える　■ **概率** [名]確率

　彼はこの青年とカードをして、クラブから彼の家まで後をつけ、開いた窓越しに彼を撃った。そこに疑問の余地はない。弾丸だけでも十分にこのことを証明できる。僕はすぐに戻ってきて、見張り役の男に見つかってしまった。この男が大佐に僕の存在を知らせることはわかっていた。大佐は間違いなく、僕の突然の帰還が自分の犯罪のためになされたものだということを察するだろう。すぐにでも僕を始末しようとして、あの恐ろしい銃を持ち出すことはわかっていた。僕は彼のために、窓の中に絶好の標的を用意して、警官には、協力が必要となるかもしれないと告げた。そうそうワトソン君、君は警官たちが戸口のところにいることによく気付いたね。僕は監視するのにふさわしいと思った場所についたが、彼が僕の命を奪うために同じ場所を選ぶとは夢にも思っていなかった。さあ、ワトソン君、まだ説明していないことが何かあるかな」

　「ある」と私は答えた。「モラン大佐がロナルド・アデア卿を殺す動機については何も説明していないよ」

　「ああ、ワトソン君。それは推測するしかない。明晰な頭脳をもってしても、間違った答えを得る可能性がある。誰でも、与えられた証拠から自身の答えを導き出すことはできる。君の出した答えも僕の答えも、正しいという可能性は同じだ」

　「では、君は答えを出したのか」

"我认为解释这些事实并不困难。我的回答是基于这样的数据：莫兰上校和阿达尔爵士在一起赚了不少钱。但莫兰肯定是在作弊——这一点我早就发现了。我认为阿达尔爵士在那天发现了莫兰作弊。可以想象，他与莫兰进行了一对一的谈话，并告诉他，除非莫兰退出俱乐部并保证不再打牌，否则他将把此事公之于众。但不能打牌这件事对以打牌为生的莫兰来说就意味着灭顶之灾。于是他就杀害了阿达尔爵士。在阿达尔爵士被杀之前，他可能正在计算他需要偿还多少钱，因为他不能从朋友的作弊行为中获利。他把门锁上，这样他的母亲和妹妹就不会突然进来，看到那些名字和钱，进而问他在做什么。这样的解释你觉得如何？"

"我认为你显然已经道出了真相。"

"这是否是真相将在庭审时揭晓。无论结果如何，我们都不会再受到莫兰上校的困扰了。冯·赫尔德的气枪已被警方保管。因此，夏洛克·福尔摩斯又可以自由地把他的生命投入到调查伦敦慷慨给予他的那些饶有趣味的案子中去了。"

■ **基于数据** データに基づく ■ **作弊** [動]いかさまをする、カンニングをする ■ **公之于众** 周知する、公示する ■ **灭顶之灾** 生死にかかわる災難 ■ **偿还** [動]返済する ■ **获利** [動]利益を得る ■ **庭审** [名]裁判 ■ **揭晓** [動]発表する、公表する ■ **困扰** [動]悩ませる ■ **慷慨** [形]気前よい ■ **饶有趣味** 非常に興味深い

「事実を説明することなら難しくないと思う。僕の答えは、モラン大佐
とアデア卿が、ふたりしてかなりの大金を手にしたというデータに基づい
たものだ。だが、モランは間違いなくいかさまをしていた——僕はずっと
前からそのことに気付いていた。アデア卿は、あの日、モランが不正をし
ているのを見つけたのだと思う。彼がモランと一対一で話をし、モランが
クラブを辞め、二度とカードをやらないと約束しない限り、このことを公
にすると告げたことは十分に考えられる。しかし、カードができないとい
うことは、これで生計をたてていたモランにとっては終わりを意味する。
それで彼はアデア卿を殺害した。殺されたとき、アデア卿は、仲間の不正
で儲けるわけにはいかないからと、自分はどれだけの金を返さなくては
ならないかを計算しようとしていたのだろう。扉に鍵をかけたのは、母親
や妹が突然入ってきて、名前と金を見て何をしているのかと聞かれるこ
とがないように用心したのさ。これでどうかな」

「君は明らかに真実を言い当てたと思うよ」

「真実かどうかは裁判でわかるだろう。ともかく、どんな結果が出ると
しても、僕らはもう、モラン大佐に煩わされることはない。フォン・ヘル
ダーの例の空気銃は、警察に保管されている。かくしてシャーロック・
ホームズ氏は、再び自由を得て、ロンドンが気前よく与えてくれるちょっ
とした興味深い事件の調査に人生を捧げることができるようになったと
いうわけだ」

即使在他失踪后，我也继续阅读那些被公之于众的各种案件。
（p.142，2-3行目）

彼がいなくなった後も、公にされるさまざまな事件を読みふけった。

【解説】"即使～也～" は、ある条件が成り立たない状況でも、別の行動や状態が続くことを表現するために使われます。この表現を使うことで、困難や制約に立ち向かい、意志や決心を示すことができます。

【例文】

① 即使下雨或下雪，我也会在同一时间出去跑步。
　　雨や雪が降っていても、私は同じ時間にランニングに出かけます。

② 即使这个工作很困难，我也要努力完成它。
　　たとえ難しい仕事でも、最後までやり遂げようと思います。

对于他这样一个富有的人来说，输这么一点完全不在话下。
（p.144，5-6行目）

裕福な彼にとって、それぐらいの散財は痛くもかゆくもない。

【解説】"对于～来说，～不在话下" は、特定の人やグループにとってある状況や事柄が驚くに値しないことを表現するために使われます。例文では、「彼という富裕な人にとって、わずかな敗北は全く問題ではない」という意味を表しています。

【例文】

① 对于他们这样的国有企业来说，这点研究经费完全不在话下。
　　彼らのような国有企業にとって、これだけの研究費はまったく問題外だ。

② 对于长跑运动员来说，一周跑个马拉松根本不在话下。
　　長距離ランナーにとって、1週間に1回マラソンを走ることは、まったく大したことではない。

> 既没有迹象表明阿达尔这个青年有任何对头，又没有迹象表明有人试图从房间里拿走钱或贵重物品。（p.148, 1-2行目）
>
> アデア青年には敵がいた様子はなく、部屋から金や貴重品を持ち出そうとした形跡もなかった。

【解説】"既没有～又没有～"は、二つの事柄や状況が同時に存在しないことを強調するために使われます。

【例文】

① 既没有人听说过这个传闻，又没有人看到过这个神秘人物。
   この噂を聞いた人もいなければ、この謎の人物を見た人もいない。

② 既没有证据表明他参与了这个计划，又没有证据表明他事先知晓此事。
   彼がこの計画に関与している証拠もなく、またこの件について知っているという証拠もない。

> 我感觉好像昏过去了一样。（p.152, 3-4行目）
>
> そしてその後失神してしまったようだ。

【解説】"好像～一样"という文法を使って、ある状況や感覚が他の状況や感覚に似ていることを比喩的に表現することができます。

【例文】

① 她的笑声好像银铃般清脆。
   彼女の笑い声はまるで銀の鈴のように澄んでいる。

② 他的笑容好像太阳一样温暖。
   彼の笑顔はまるで太陽のように暖かい。

覚えておきたい中国語表現

> 我选择了一个我认为很适合监视的地方，但做梦也没想到他会选择同一个地方来取我的性命。（p.190, 8-9行目）
>
> 僕は監視するのにふさわしいと思った場所についたが、彼が僕の命を奪うために同じ場所を選ぶとは夢にも思っていなかった。

【解説】"做梦也没想到" は、日本語の「夢にも思わなかった」と同じ意味で、ある事柄が予想を超えており、想像を絶するほどの出来事を表現する比喩的な表現です。ポジティブなこととネガティブなことの両方を表すことができます。それに類似した表現として "做梦也没料到" があります。一文字しか違いませんが、この表現は通常、例文②のように、ネガティブなことを言うのにしか使われません。

【例文】

① 她做梦也没想到自己会得到那个梦寐以求工作机会。

彼女はまさか自分がその夢のような仕事のチャンスを得るとは夢にも思っていなかった。

② 他做梦也没料到他最好的朋友会背叛自己。

彼はまさか親友が自分を裏切るとは夢にも思っていなかった。

③ 我做梦也没想到能在生日那天收到这么多既实用又特别的礼物。

自分の誕生日に、こんなに実用的かつ特別なプレゼントをもらえるとは夢にも思っていなかった。

> 除非莫兰退出俱乐部并保证不再打牌，否则他将把此事公之于众。
> （p.192, 5行目）
>
> モランがクラブを辞め、二度とカードをやらないと約束しない限り、このことを公にする……

【解説】"除非～否则～" は、ある条件が成立しない場合には別の結果が生じることを示すために使われます。話し言葉では、"除非～不然～" という言い方もあります。

【例文】

① 除非你努力学习并提高成绩，不然你没办法考上这所大学。
　　猛勉強して成績を上げなければ、この大学に受かることはできません。

② 除非你道歉并接受惩罚，否则我们不会原谅你。
　　謝罪し、罰を受け入れなければ、私たちはあなたを許しません。

小舞人探案

踊る人形

ホームズは奇妙な人形の絵が続く紙切れに見入っていた。
今日の依頼者の妻はこれを見て死ぬほど怖がっているという。
これにはどんな謎が隠されているのだろう……

ドイルがホームズ物語を書いたのは
まだ探偵小説（推理小説）が書かれはじめたころであり、
その先駆者エドガー・アラン・ポー（1809–1849）の影響を
強く受けている。『ボヘミアの醜聞』は
ポーの『盗まれた手紙』のアイディアを流用しているし、
『まだらの紐』の動物が殺人の手段というのも
『モルグ街の殺人』からヒントを得たのかもしれない。
『踊る人形』の暗号の解読法はポーの『黄金虫』と同じである。

しかしドイルはポーのアイディアを違う世界におきかえて、
素晴らしい作品に仕立てなおしているのだ。
ホームズ物語にはこれ以後の推理小説のトリックの
ほとんどすべての原型があるといわれている。

21

小舞人探案

福尔摩斯静静地坐了几个小时，一直读着手里的报纸。

"那个，华生。"他突然开口说道。"你已经不给南非的公司投资了呀。"

我被他吓了一跳。虽说我已经习惯了福尔摩斯的睿智，但我不明白他是怎样突然读懂我的想法的。

"你是怎么知道的？"

福尔摩斯转身面向我。他那双深邃的眼睛里流露出一丝微笑。

"啊，华生，你一定对我的突然袭击感到很惊讶吧。"

"是啊。"

我得把你刚才说的话写下来，让你签字才行啊。"

"为什么？"

■ 报纸 [名]新闻　■ 南非 [名]南アフリカ　■ 投资 [動]投資する　■ 习惯 [動]慣れる　■ 睿智 [名]鋭さ、賢さ　■ 深邃的 [形]奥深い　■ 流露 [動](表情などが)浮かぶ　■ 签字 [動]署名する

踊る人形

　ホームズは何時間も黙って座ったまま、手元の書類を読んでいた。

　「それでワトソン君」と突然口を開いたかと思うと、「君は南アフリカの会社への投資をやめたんだね」と言い出した。

　私は驚いてビクッとした。ホームズの鋭さには慣れてはいるものの、どうしてこんな風に突然に私の考えていることを読み取ることができるのか、全くわからない。

　「いったいどうしてわかったんだ?」

　ホームズはこちらを向いた。深くくぼんだ目に笑みが浮かんでいる。

　「ああワトソン君、不意をつかれて驚いただろうね」

　「そうだね」

　「今の言葉を書面にして、署名しておいてもらわなくてはならないな」

　「どうして?」

"因为再过5分钟，你一定会说'这事儿太简单了吧'。"

"我不会这么说的。"

"诶，华生，如果有一组信息，把它们一个一个地按顺序串联起来，再对每条信息简单地加以考虑，你不会感到有什么困难。然而像这样做之后，把核心部分从中心剔除出去，只跟你讲开头和结尾，你就会大吃一惊。比如说，从你左手的食指和拇指不难看出，你肯定已经停止了对金矿的投资。"

"我不明白这两者之间有什么联系。"

"这很正常。但我可以简要地解释一下其中的深层联系。在这里有一块缺失的非常简单的逻辑联系。1.昨晚你从俱乐部回家时，你的食指和拇指上沾有白垩粉。2.你打台球的时候会把白垩粉涂在那个部位上。3.你只和瑟斯顿打台球。4.四个星期前，你告诉我，瑟斯顿想和你一起买一块南非的土地，而且必须在一个月之内做决定。5.你的存折在我上了锁的柜子里，但你没有找我要钥匙。6.你已经停止了对该项目的投资。"

"多么简单的事儿啊！"我感叹道。

■ 串联 [動]つなげる　■ 剔除 [動]取り除く　■ 结尾 [名]終わり　■ 食指 [名]人差し指
■ 拇指 [名]親指　■ 金矿 [名]金鉱　■ 联系 [名]つながり　■ 缺失 [動]欠ける　■ 逻
辑 [名]論理、ロジック　■ 白垩粉 [名]チョーク　■ 台球 [名]ビリヤード　■ 柜子 [名]戸棚、
箪笥

「5分後には、君は『まったく単純な話だ』と言うだろうから」

「そんなことは言わないよ」

「ねぇ、ワトスン君、情報が一揃いあって、ひとつひとつを順につなげ、それぞれを単純に考えるということはそれほど難しいことではないよ。そのようにしてから核心部分を中心から取り除き、始まりと終わりを聞かせてやると、相手は驚くわけだ。まぁ、君の左手の人差し指と親指を見れば、君が金鉱への投資をやめたに違いないということは容易にわかるよ」

「僕にはどうしてそのふたつがつながるのかわからないけれど」

「当然だろう。でも、僕はその深いつながりを手短に説明することができる。そこにはごく単純な論理のつながりの失われた一片があるんだ。1.君が昨夜、クラブから帰ってきた時、君の人差し指と親指にチョークの粉がついていた。2.君はビリヤードをするとき、その部分にチョークをつける。3.君がビリヤードをするのは、サーストンとだけだ。4.4週間前、君は、サーストンがある南アフリカの土地を君と共同で購入したがっていて、1ヵ月以内にどうするか決めなくてはならないと言っていた。5.君の通帳は僕の鍵のついた戸棚の中にあるけれど、君はその鍵を要求してこなかった。6.君はこの話に投資するのをやめた」

「なんて単純な話なんだ!」と私は叫んだ。

"就是这样的。"福尔摩斯干脆地说道。"无论什么问题,只要一解释都很简单。但这里还有一个未解之谜。华生,这个你怎么看?"福尔摩斯把一张纸扔到桌子上,然后把身子转了回去。

我看到纸上画的画感到很惊讶。"这是什么呀,福尔摩斯,一个孩子的涂鸦吗?"

"你是这么认为的吗?"

"还能是什么呢?"

"这就是诺福克郡里德林索普庄园的希尔顿·库比特先生想知道的事情。这个神秘的问题是在今天早上的第一封邮件里被寄到的。而且他将乘坐下一班列车过来。门铃响了。华生,应该是他来了。"

沉重的脚步声在楼梯上回荡,一位身材高大,看起来十分健康的先生走了进来。从他清澈的眼眸和红润的面庞可以看出,他住在一个与贝克街的雾霾没有任何关系的地方。当他进来时,一股清新的田园气息似乎飘荡在他的周围。他与我们俩握了手,正准备坐下时,目光落在了桌子上的一张纸上,而纸上画着一幅奇怪的画。这就是我之前看到的那张纸。"

"啊,福尔摩斯先生,您对这个怎么看?"那位先生用一种近乎于痛苦的声音说道。"我听说您喜欢研究稀奇古怪的谜语,但我怀疑您是否见过比这更不寻常的东西。我提前把它寄给您,是为了让您在我到来之前有所思考。"

■ 干脆地 [副] ぴしゃりと　■ 涂鸦 [名] 落書き　■ 邮件 [名] 郵便　■ 楼梯 [名] 階段　■ 回荡 [动] 響く　■ 眼眸 [名] 目　■ 红润的 [形] 血色のよい　■ 面庞 [名] 顔　■ 雾霾 [名] 霧、スモッグ　■ 飘荡 [动] 漂う　■ 稀奇古怪的 [形] 変わった、変な

「その通りだよ」と、ホームズはぴしゃりと言った。「どんな問題も、説明してしまえば簡単なんだ。でも、ここにまだ解けない問題がある。ワトソン君、君はこれをどう思う?」 ホームズは、一枚の紙をテーブルの上に放り出して、また机に向かった。

私はその紙に書かれた絵を見て驚いた。「なんだよ、ホームズ、子どもの落書きか」

「君はそう思うのか」

「ほかに何がある?」

「それをノーフォーク州リドリング・ソープ荘園のヒルトン・キュービット氏が知りたがっているんだ。この謎の問題が今朝の最初の郵便で届いた。そして彼がその次の列車で来ることになっている。ベルが鳴ったね。ワトソン君、彼が来たんだろう」

重い足音が階段に響いたかと思うと、背の高い、いかにも健康そうな紳士が入ってきた。その澄んだ目と血色のよい顔は、ベイカー街の霧とは無縁のところで暮らす人物であることを物語っていた。入ってきたときには、彼の周りからさわやかな田園の香りが漂ってくるようだった。彼は私たちふたりと握手を交わし、腰を下ろそうとして、テーブルの上の奇妙な絵が書かれた紙に目をとめた。先ほど私が見ていたものだ。

「ああホームズさん、これをどう思われます?」と氏は悲痛ともいえる声をあげた。「あなたは変わった謎がお好きだと伺いましたが、これより変わったものをご覧になったことはないのではないでしょうか。私がこちらに伺う前にお考えになるかと思って、前もってお送りしたのです」

"确实，这有些不太寻常。"福尔摩斯回答说。"乍一看，它有点像孩子的恶作剧。看上去就像是几个小人儿在一张纸上并排跳舞。您为什么会对这样一个看似微不足道的东西如此重视呢？"

"不是我，福尔摩斯先生。是我的妻子。她出于某种原因很害怕它。她虽然什么都不说，但我可以看到她眼里充满了恐惧。这就是为什么我觉得必须得彻底调查这件事。"

福尔摩斯拿起那张纸，透过光看了看。这张纸是从一个记事本上撕下来的，上面画着以下内容。

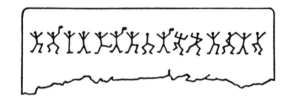

福尔摩斯看了一会儿，然后小心翼翼地把它夹到笔记本里。
"这的确会是一个非常有趣，而且不寻常的案子。"福尔摩斯说。"希尔顿·库比特先生，您在信中提到了一些事情，但我不知道您能否为我的朋友华生医生再重复一遍。"

「たしかに、いささか変わっていますね」とホームズは答えた。「ちょっと見たところでは、子どものいたずらのように見えます。奇妙な小さい人形が、紙の上を並んで踊っているみたいだ。なぜ、このような他愛なく見える代物を重く受け止めていらっしゃるのでしょうか」

「私ではないのですよ、ホームズさん。私の妻なのです。何か理由があって、これを怖がっているのです。彼女は何も言いませんが、目に恐怖の色が浮かんでいるのがわかります。ですから、私はこの件を徹底的に調べなくてはと思ったのです」

ホームズは紙きれを取り上げ、光に透かしてみた。メモ帳から破りとったもので、次のような絵が描かれていた。

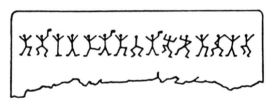

ホームズはしばらくの間それを眺めてから、大切そうに手帳に挟んだ。

「これは実に興味深い、珍しい事件になりそうですね」とホームズは言った。「ヒルトン・キュービットさん、お手紙のなかでいくつかの情報を書いて下さいましたが、私の友人のドクター・ワトソンのためにもう一度お話しいただけないでしょうか」

　　"我不太善于表达。"委托人紧张地说道。"如果有没说清楚的地方请尽管问我。那么就从我去年结婚的时候开始说起吧。不，在那之前我还有一些事情必须告诉你们。我虽说并不富裕，但我的老家在过去五个世纪里一直在里德林索普，是诺福克最古老的家族。去年夏天我来到这里，住在罗素广场的招待所里。我的朋友帕克先生就住在那儿。那里有一位年轻的美国女士。她的名字叫帕特里克——埃尔西·帕特里克。我们逐渐彼此了解，在假期结束时，我对她的爱也到了无以复加的程度。我们悄悄地结了婚，以夫妻的身份回到了诺福克。福尔摩斯先生，对于一个来自古老家族的人来说，在不了解伴侣的过去和家庭背景的情况下就这样结婚，您一定觉得很奇怪吧。但当您见到她并了解她时，您就会明白了。

　　埃尔西对这一点非常清楚。她来找我时的态度是，如果我愿意，我们随时可以取消婚约。'我认识一些不好的人。'她说，'我想忘记他们。如果我可以的话，我不想谈论过去。那是非常痛苦的。如果你接受我，希尔顿先生，你将拥有一个在任何方面都无可挑剔的女人。我希望你和现在的我在一起感到幸福。我还希望你能告诉我，你不介意我不谈论在我成为你妻子之前过去。

■ 善于 [動] ～が得意である　■ 委托人 [名] 依頼人　■ 富裕 [形] 裕福である　■ 招待所 [名] 宿泊所　■ 无以复加 これ以上甚だしいものはない、すでに頂点に達している　■ 无可挑剔 的 [形] 落ち度のない、申し分のない　■ 介意 [動] 気にする

「私は話すのが得意ではないので」と依頼人は緊張して話し始めた。「わかりにくいところは何でもお尋ねください。昨年私が結婚した時のことから始めましょう。いえ、それよりもまずお話ししておきたいことがあります。私は決して裕福ではありませんが、実家はここ5世紀の間リドリング・ソープにあり、ノーフォークでは一番の旧家です。昨年の夏、私はこちらに来て、ラッセル・スクエアの宿泊所に滞在しました。友人のパーカーさんがそこに滞在していたのです。そこにアメリカの若い女性がいました。パトリック——エルシィ・パトリックという名前でした。いろいろあって知り合いになり、休暇が終わるころにはこれ以上ないくらいに彼女のことを好きになっていました。私たちはひっそりと結婚し、夫婦としてノーフォークに帰りました。ホームズさん、旧家の男がこんなふうに、相手の過去も家柄も知らずに結婚するなど、おかしいと思われるでしょうね。でも、彼女に会って、彼女を知って下されば、わかっていただけると思います。

　エルシィは、そのことに関してはっきりしています。私が望むのならいつでも結婚はとりやめるという態度で私に向かってくれました。『私には、良くない知り合いがいます』と言いました。『その人たちのことは忘れたいのです。過去のことは、できればお話ししたくはありません。とても辛いことなので。ヒルトンさん、私を受け入れて下さるなら、あなたは、その本人には何一つ落ち度のない女を手に入れることになるでしょう。あなたには、今の私といて幸せだと思っていただきたいのです。そして私があなたの妻になる前の、過去のことを話さなくて構わないとおっしゃってほしいのです。

如果你没办法接受这个条件，就请回到诺福克去。也让我回到遇见你之前的孤独生活里去。'这是我的妻子在我们结婚的前一天对我说的话。我告诉她，我很乐意接受这个条件。而我也完全按照她说的做了。

是的，我们已经结婚一年了。我们一直生活得很幸福。但是大约一个月前，在六月底，我第一次预感到了灾难的征兆。有一天，我妻子收到一封来自美国的信。她脸色发青，看完信后把它扔进了火里。在那之后，关于这件事她什么也没说，我也什么都没说。因为那是我们的约定。然而，从那时起，她似乎从未有过片刻的安宁，焦虑的神情也未曾从她的脸上消失过。她能依靠我就好了。我自以为她已经找到了我这样一个完美的伴侣。但是在她向我开口之前，我什么也不能说。请您谅解，福尔摩斯先生。我妻子是一个正直的女人。即使过去有什么问题，那也不是她的错。我只是一个来自诺福克的乡下人。但在尊重家族姓氏方面，就是在整个英国我也不输给任何人。而且我的妻子也深知这一点。她在我们结婚之前就已经明白这一点了。如果她认为她会对我的家庭造成困扰，她就不会嫁给我了。这一点是毋庸置疑的。

■ 灾难 [名]災い、災難　■ 征兆 [名]兆し　■ 约定 [名]約束　■ 安宁 [名]穏やかな時間
■ 依靠 [動]頼る　■ 谅解 [動]了解する、了承する　■ 乡下人 [名]田舎者　■ 造成 [動]もたらす　■ 困扰 [名]迷惑

その条件が無理ならば、ノーフォークへお帰り下さい。私をあなたに出会ったときの孤独な生活に戻して下さい』。これは結婚の前日に、妻が私に言った言葉です。私は彼女に、喜んで条件を受け入れると言いました。そして、その言葉どおりにしてきました。

　ええ、私たちはこの1年、結婚生活を続けてきました。とても幸せな生活でした。ところが一ヵ月ほど前、6月の末に、私は初めて災いの兆しを感じました。ある日、妻はアメリカからの手紙を受け取りました。妻は真っ青になり、手紙を読むと、それを火の中に投げ込みました。その後、妻はこのことについて何も言いませんし、私も何も言いませんでした。約束でしたから。しかし妻はそれ以来、気が休まる時がないようで、顔から不安の色が消えることがありません。頼ってくれればいいのに。私という最高のパートナーを見つけたのだから、と思っていました。でも、妻から言い出すまでは、私からは何も言えません。わかって下さい、ホームズさん。妻は高潔な女性なんです。過去に何か問題があったとしても、それは妻のせいではないのです。私はノーフォークの田舎者にすぎません。でも家名を重んじることでは、英国中のだれにも負けません。そして妻もそのことをよくわかっています。結婚する前から十分にそのことを知っていました。妻は、自分が私の実家に迷惑をかけるだろうと思っていたら、私と結婚などしなかったでしょう。それは間違いありません。

接下来，就该说那奇怪的部分了。大约一周前，我发现在我的一个窗户上画着几个奇怪的舞动的小人，就跟这张纸上画的一样。它们是用粉笔画上去的。我想这一定是看马的小孩画的，但他说他对此一无所知。总之，这是在晚上被画上去的。我在洗掉这些涂鸦后，把这件事告诉了我的妻子。令我惊讶的是，她非常严肃地对待此事，并要求我如果再发现这样的画就给她看。一个星期过去了，没有发生任何事情。但昨天早上我在花园的日晷上发现了这张纸。当我把它拿给妻子看时，她当场就崩溃了。从那时起，她就一直心不在焉，眼里布满了恐惧。于是我就给福尔摩斯先生写信，把这张纸寄给了他。我不能把它交给警察。因为他们只会嘲笑我。但是，我想你应该会告诉我该怎么做。我并不富有，但如果我心爱的女人处于危险之中，即使奉上全部的家财我也在所不惜。"

他是个好人。朴实、直率、热情，简直就是典型的英国老好人。他那双诚实的蓝眼睛和宽厚善良的脸庞，充满了对妻子的爱和信任。福尔摩斯听完他的话，接着就陷入了安静的沉思。

最后他终于开口说道："库比特先生，我想最好的办法是坦诚地询问您的妻子，让她告诉您她的秘密。"

■ 舞动的 [形]踊っている　■ 粉笔 [名]チョーク　■ 一无所知 少しも知らない　■ 洗掉 [動]洗い落とす　■ 日晷 [名]日時計　■ 崩溃 [動]壊れる、潰れる　■ 心不在焉 心ここにあらず
■ 富有 [形]裕福である　■ 奉上 [動]捧げる　■ 在所不惜（大きな犠牲を払っても）惜しまない
■ 朴实 [形]素朴である　■ 直率 [形]率直である、まっすぐである　■ 询问 [動]尋ねる

　さて、いよいよ奇妙な箇所に入ります。1週間ほど前、私は窓のひとつに、この紙に書かれているような、奇妙で小さな踊る人形がいくつか描かれているのを見つけました。チョークで描かれていました。馬番の少年が描いたのだと思ったのですが、彼は何も知らないと言います。とにかく、夜のうちに描かれたものでした。私はその落書きを洗い流させてから、妻に話しました。驚いたことに、妻はひどく深刻に受け止めて、またこのようなことがあったら見せてほしいと言うのです。それから1週間は何もありませんでしたが、昨日の朝、庭の日時計の上にこの紙が置かれているのを見つけました。それを見せると、妻はその場で倒れてしまいました。それ以来、妻は心ここに在らずという表情で、目には恐怖が浮かんでいます。それから私はホームズさんに手紙を書き、この紙をお送りしました。警察に届けるわけにもいきません。だって、笑われるだけでしょう。でも、あなたなら、どうしたらいいかを教えて下さると思ったのです。私は裕福ではありませんが、愛する女性に危険が迫っているとしたら、全財産をかけても守るつもりです」

　善人だ。素朴でまっすぐで、温かい、古き善きイギリス人そのものである。実直さがあふれる青い目と人のよさそうな広い顔には、妻への愛と信頼があふれていた。ホームズは彼の話に耳を傾け、それからしばらく黙って考え込んだ。

　そしてやっと口を開くと言った。「キュービットさん、一番いいのは奥様に率直にお聞きになって、秘密を打ち明けてもらうことではないでしょうか」

希尔顿·库比特先生垂下了眼帘。

"福尔摩斯先生，承诺就是承诺。如果我的妻子想说，她会对我说的。如果她不想说，我也不想强迫她。但我想以某种方式帮助她。我也打算这样做。"

"如果是这样的话，我很乐意帮忙。首先，你听说过在里德林索普附近有什么可疑的人吗？"

"没有。"

"那里似乎是一个安静的地方。但有什么新来的面孔吗？"

"确实会有人到庄园附近来。附近有一个小海滩，所以农民会让人住在他们自己家里。"

"这些符号显然是有含义的。如果我的猜测是对的，这里面有某种规则的话，我们应该能够解开这个谜团。但这张纸上写的东西太短了，而且仅凭您告诉我的信息，完全没有办法展开调查。要不您先回到诺福克去？继续观察，如果这些舞动的小人再次出现，请务必把它们准确地画下来。问问周围的人，看看是否有任何陌生的面孔在附近徘徊。当您有新的证据时再来吧。这是您力所能及的全部了，库比特先生。如果有必要，我会赶过去的。我们就在您诺福克的家里见。"

■ 眼帘 [名]まぶた、視線　■ 承诺 [名]承諾、約束　■ 强迫 [動]無理強いする、強要する　■ 可疑的 [形]疑わしい　■ 面孔 [名]顔つき、表情　■ 海滩 [名]砂浜　■ 符号 [名]記号　■ 含义 [名]意味　■ 猜测 [名]予測　■ 规则 [名]決まり、ルール　■ 准确地 [副]正確に　■ 徘徊 [動]うろうろする　■ 力所能及的 [形]力の及び得る範囲の

ヒルトン・キュービット氏は視線を落とした。

「ホームズさん、約束は約束です。妻が話したいと思うなら、話してくれるでしょう。話したくないなら、無理強いしたくはない。でも、なんとかして妻の力になりたい。なるつもりです」

「そういうことなら喜んで力になりましょう。まず、リドリング・ソープの近くに不審な人物がいるという話をお聞きになったことはありませんか?」

「ありません」

「閑静なところのようですが、新顔がやってきていませんか?」

「荘園付近にはやってきます。すぐ近くに小さな海水浴場がありますから、農家が人を泊めているのです」

「この記号には、明らかに意味があります。私の予測が当たっていて、ここに決まりがあるとすれば、その謎を解くことができるはずです。でも、これだけでは短すぎて何もできず、また、お話ししていただいた情報だけでは調べようがありません。ノーフォークにお戻りになってはいかがでしょう。監視を続け、この踊る人形がまた現れたら、正確に描き写しておいて下さい。見慣れない人間がうろついていなかったかどうか、周りに聞いてみて下さい。新しい証拠が手に入ったら、またいらして下さい。キュービットさん、これがあなたのできる最善の策です。必要とあれば、いつでも駆けつけます。ノーフォークのお宅でお会いしましょう」

　　这次谈话之后，夏洛克·福尔摩斯深深地陷入了思考。在接下来的几天里，他经常会从笔记本里拿出那张纸，一直盯着那几个奇怪的小人看。他没有对我说任何话，直到大约两周后的一个下午，他在我要出门时叫住了我。

　　"华生，你留在这里会比较好。"
　　"为什么？"
　　"我今天早上收到了希尔顿·库比特先生的电报。库比特先生，那个舞动的小人的库比特先生。你还记得他吧？他将在 1 点 20 分到达利物浦街车站。他很快就会到了。电报上说这起案件有了新的进展。"

　　没过多久，一位来自诺福克的先生坐着一辆全速行驶的双轮马车从车站飞驰而来。他看起来相当疲惫，眼睛里布满了血丝，脸上也刻着皱纹。

　　"这次真的把我折磨得够呛，福尔摩斯先生。"他说完就瘫坐在扶手椅上。"请您想想看，一个陌生人在密谋着什么，而且在一点点地折磨我的妻子，试图得到他想要的东西。这也太残酷了。我的妻子就正处于这种境地，而且变得一天比一天虚弱。就在我的面前。"

　　"您的妻子还什么都没有对您说吗？"

■ 出门 [動]出かける　■ 电报 [名]電報　■ 车站 [名]駅　■ 疲惫 [形]疲れきっている　■ 血丝 [名]筋状の血、（目の）充血　■ 皱纹 [名]皺　■ 折磨 [動]苦痛を与える、さいなむ　■ 够呛 [形]厳しい、大変である　■ 密谋 [動]陰謀を企てる

　この面談ののち、シャーロック・ホームズは深くもの思いにふけった。続く数日間は、手帳から例の紙切れを取り出しては、その奇妙な人形を食い入るように見るということが幾度かあった。それでも私には何も言わずに時が過ぎたが、二週間ほどたったある日の午後、出かけようとする私を呼びとめた。

「ワトソン君、君はここにいた方がいいよ」

「どうして?」

「今朝、ヒルトン・キュービット氏から電報が届いたよ。あの踊る人形のキュービット氏だよ。憶えているだろう? 1時20分にリバプール街駅に着くことになっている。もうすぐここに来るよ。電報を見たところでは、この事件に新しい展開があったようだね」

　ほどなくして、ノーフォークの紳士が全速力で走る二輪馬車に乗って、駅からまっすぐにやってきた。困憊した様子で、目には疲れの色が浮かび、顔には皺が刻まれていた。

「ホームズさん、今回はほとほと参りました」と、彼は肘掛け椅子にもたれかかった。「見知らぬ人間が何かをたくらみ、おまけに妻をじわじわと追い詰めて思い通りにしようとしていると考えてみて下さい。悲惨でしょう。妻はそんな状況におかれ、日に日に弱っていっていくのです。私の目の前で」

「奥様はまだ何もお話しにならない?」

"是的，福尔摩斯先生，她什么也没有对我说。有几次她好像要对我说什么，但最终都没有说出口。我很想帮助她，但没有什么用，她只是沉默不语。我的妻子会谈论我的家族，我们在诺福克享有的名声，以及她为我们的荣誉而自豪。每次我以为她终于要进入主题时，她都会在那之前把话题岔开。"

"你自己有没有注意到什么事情？"

"有很多。我画了一些新看到的舞动的小人。我想让你帮我看看这些。更重要的是，我看到了凶手。"

"你说什么，你看到画这些画的人了？"

"是的，我看到他了。啊，我还是按顺序说吧。就在那天我从这里回去后的第二天早上，我又发现了一组舞动的小人。它们是用粉笔画在谷仓的黑色木门上的。透过草坪对面的前窗可以清楚地看到谷仓的情况。我照原样把它画了下来。就是这张。"他拿出一张纸，把它平铺在桌子上。这就是那幅画的复制版。

𝕏𝕏𝕏𝕏𝕏𝕏𝕏𝕏

"太好了。"福尔摩斯说道。"真是太好了。来，请继续说下去。"

■ 沉默不语 黙っていて口を利かない　■ 为~自豪 ~を誇りに思う　■ 岔开 [动] (話題などを) 逸らす　■ 谷仓 [名]納屋　■ 平铺 [动]平らに敷く　■ 复制版 [名]コピー、写し

「ええ、ホームズさん、言いません。何か言いたそうにしたことはあったのですが、話すには至りませんでした。助けようとしたのですけれど上手くいかず、黙ってしまうばかりでした。妻が私の家族、ノーフォークでの名声や、名誉を誇りに思っていることについて話すことがあり、そのたびにいよいよ本題に入るのだろうと思うのですが、その前に話が逸れてしまうのです」

「何かご自身でお気づきになったことはありませんか?」

「たくさんあります。新しい踊る人形の絵をいくつか写してきました。ご覧になっていただきたくて。さらに重要なことは、犯人を見たのです」

「なんと。この絵を描いた人物を?」

「ええ、現場を見ました。ああ、順番にお話ししましょう。先日こちらに伺って帰宅したその翌朝、また新たな踊る人形たちを見つけたのです。納屋の黒い木の扉にチョークで描かれていました。納屋は芝生を挟んで正面の窓からよく見通せるのです。間違えないように写してきました。これです」。彼は一枚の紙を取り出し、机の上に広げた。これがその絵の写しである。

「素晴らしい」とホームズが声をあげた。「実に素晴らしい。さあ、お続け下さい」

"我把它画下来后就把原画擦掉了。但两天后的早晨,那里又出现了一幅新画。这就是那幅画的样子。"

福尔摩斯开心地笑了。

"你收集了不少材料啊。"

"三天后,我在日晷顶部的石头下面发现了画着另一幅画的纸。就是这个。正如您所看到的,这和之前的一模一样。我决定埋伏起来,于是我拿出枪,在书房里等着,盯着花园的情况。事情发生在大约凌晨2点钟,那时我正倚靠在窗框上。外面除了月光就是一片漆黑。我听到身后有脚步声。那是我的妻子。她让我回到卧室去,但我告诉她我想找出是谁做的这个奇怪的恶作剧。然而妻子告诉我,这样做没有什么意义,我不应该担心。

妻子让我回卧室去。但是,我突然看到我妻子的脸在月光下闪着白光。谷仓边上有东西在动。一个低矮的黑影绕到了门前。我想拿着枪冲出去,但妻子用胳膊拦住我,用尽全力阻止我。当我最终设法甩开她,跑到院子里时,那人已经不见了踪影。但在谷仓的门上,画着一幅和以前一样的舞动的小人的画。就是我在刚才那张纸上画的。我在院子四处搜寻,但找不到他的踪迹。

■ 擦掉 [動] ふき取る、ぬぐい落とす ■ 埋伏 [動] 待ち伏せする ■ 倚靠 [動] もたれかかる、もたせかける ■ 拦住 [動] 止める、遮る ■ 甩开 [動] 振りほどく ■ 踪影 [名] 跡形、姿 ■ 搜寻 [動] 至るところ捜し回る

「写し取ってから、絵を消しました。でも、2日後の朝、また新しい絵が描かれていました。その写しがこれです」

ホームズは嬉しそうに笑った。

「材料が集まってきたな」

「それから3日後、紙に描かれた絵が、日時計の上にある石の下に敷かれていました。これです。ご覧のとおり、先程のと同じものです。私は待ち伏せしてやろうと思って、銃を取り出して書斎に待機し、庭を見張りました。午前2時頃、窓ぎわに腰かけていた時のことでした。外は月明かりだけで真っ暗です。背後に足音が聞こえました。妻でした。私に寝室に戻るように言うので、私は、こんな妙ないたずらをしかけた犯人を見つけたいのだと言いました。すると妻は、そんなことは意味がない、気にしてはいけないと言うのです。

妻は寝室に戻るようにと言ってきました。でも、その時突然、妻の顔が月の光に照らされて白く光るのが見えました。納屋のそばで何かが動いたのです。黒い低い影が、扉の正面に回ったのです。銃を持って飛び出そうとすると、妻は腕を私の身体に回して、全力で止めるのです。ようやく振りほどき、庭についた時には、奴の姿はありませんでした。でも、納屋の扉には、前と同じ踊る人形の絵がありました。さきほどの紙に描いたものです。庭をくまなく探しましたが、奴の痕跡はどこにも見つかりませんでした。

但令我惊讶的是，那个人似乎一直呆在那儿没有走。第二天早上我再去谷仓看时，发现就在昨夜画的那幅画的下面，又画上了一幅新的画。"

"你带了它的复制版吗？"

"是的。虽然这幅画很短，但我也把它画下来了。就在这里。"他拿出另一张纸。新的小舞人看起来是这样的。

$$\text{𓀀𓀁𓀂𓀃}$$

"请告诉我。"福尔摩斯说。我从他的眼神里可以看出，这个问题很重要。"这幅画看上去是对第一幅画的补充，还是完全是不相干的东西？"

"它被画在门的另一个地方。"

"太好了。这是迄今为止我们收集到的资料中特别重要的一个。看来我们很有希望啊。接下来，希尔顿·库比特先生，请把这个有趣的话题继续下去。"

■ 不相干的 関わりのない　　■ 迄今为止 今まで、これまで

　しかし驚いたことに、奴はそこにずっといたようなのです。翌朝また納屋を見てみると、昨夜描かれた絵の下に、新しい絵がいくつか描かれていました」
「その写しをお持ちですか?」
「ええ。とても短いものですが、写してきました。これです」
　彼はまた紙を取り出した。新しい踊りは次のような形だった。

「教えて下さい」とホームズが言う。彼の目をみると、重要なことだということがわかる。「最初のものに付け足されていたのでしょうか、それとも、まったく別のもののようでしたか?」
「ドアの別の場所に描かれていました」
「素晴らしい。これは今までの資料の中でも群を抜いて重要なものです。希望がもてそうですよ。さあ、ヒルトン・キュービットさん、その興味深い話を続けて下さい」

　　"我再也没有什么可以告诉您的了，福尔摩斯先生。只是我斥责了我的妻子，就因为那天晚上她阻止我去抓那个人。她说她害怕我会受到伤害。有那么一瞬间，我的脑海中闪过一个念头：她真正害怕的是那个人会受到伤害。我觉得她知道那个人是谁，以及他画的舞动的小人意味着什么。但是，当我看着妻子的眼睛时，我可以看出她担心的是我。这就是我要说的全部。现在，我想听听您的意见，看看我该怎么做。如果是我的话，我会让一些农场的孩子在院子里埋伏着，如果他再来，我就狠狠地揍他一顿，确保他永远不会再接近我们。"

　　"我认为这个案子不是那么容易就能解决的。"福尔摩斯说。"你要在伦敦呆多久？"

　　"我今天就得回去。我无法想象让妻子一个人呆一晚上。她很害怕，希望我回去。"

　　"这是明智之举。如果您留在伦敦，我想我也许可以在一两天内和您同去。眼下，我可以留着这张纸吗？我想我很快就能去拜访您，并为这个案子提供一些线索。"

■斥责［动］叱責する、叱る　■念头［名］考え　■揍［动］殴る　■接近［动］近づく　■明智之举　賢明なやり方　■线索［名］手がかり、糸口

「これ以上お話しすることはないのですよ、ホームズさん。ただ、私はその夜、奴をつかまえようとするのを止めたことで妻を叱りました。妻は、私が怪我をするのが怖かったのだと言いました。一瞬、妻が本当に恐れているのは奴が怪我をすることではないかという考えが心をよぎりました。彼女はこの男の正体を知っており、彼が描く踊る人形の意味もわかっているのではないかと思いました。しかし、妻の目を見れば、彼女が案じていたのは私の身だとわかりました。これが全てです。さて、私はどうしたらいいのかご意見をお聞かせいただきたいのです。私としては、農場の少年たちを何人か庭に待機させて、奴がまたやってきたら痛めつけてやって、今後二度と私たちの生活に近寄らないようにさせようと思うのですが」

「そんな簡単なことで解決できる事件ではないように思います」とホームズは言った。「ロンドンにはいつまでいらっしゃいますか」

「今日帰らなくてはなりません。妻を一晩中ひとりにしておくことなど、考えられません。おびえてしまっていて、帰って来てくれと言うのです」

「それが賢明でしょう。ロンドンに滞在なさるなら、一両日中にはご同行できるかと思ったのですが。ともかく、この紙はお預かりしていいでしょうか。近々お訪ねして、この事件にいくらかの光明を投げかけることができるかと思います」

23

直到客人离开，夏洛克·福尔摩斯都一直保持着冷静。但以我对他的了解，可以看出他已迫不及待地想马上开始工作了。客人宽大的背影一消失在门后，他就走到书桌前，铺开每一张画有小舞人的纸片，开始了破译工作。在两个小时里，我看着福尔摩斯不停地在纸上一个接一个地写着数字和字母。他沉浸在自己的工作中，似乎忘记了我的存在。最后，他从椅子上跳了起来，发出一声欢呼，接着喜不自禁地在房间里踱来踱去。然后他写了一份长长的电报。"如果我给出的答案是正确的，那么你的案件簿上又多了一个可喜的案例，华生。我们明天就可以去诺福克，让我们的朋友了解一些关于这个案子的新进展了。"他对我说。

我想知道福尔摩斯发现了什么。但我也知道，他想在合适的时间，以自己的方式来谈论此事。所以我不得不等待，直到他认为时机成熟可以对我说为止。

然而，我们等了两天才收到电报的回复。福尔摩斯一直注视着门铃。第二天的晚上，希尔顿·库比特寄来了一封信。那天早上，他似乎又在日晷上发现了小舞人，于是他画下来寄给了我们。就是这幅画。

■ **迫不及待** じっとしていられない　■ **破译** [動]（暗号などを）解読する　■ **字母** [名]アルファベット　■ **时机成熟** 時機や条件が熟している

　シャーロック・ホームズは、客が立ち去るまで冷静さを保っていたが、彼をよく知る私には、彼がすぐに仕事にかかりたくてうずうずしていることが見てとれた。客の広い背中がドアの向こうに消えたとたんに机に向かい、踊る人形が描かれた紙きれを残らず並べ、解読にかかった。2時間の間、私は紙に次々と数字と文字を書きつけるホームズの姿を見ていた。仕事に没頭しすぎて、私がいることなどすっかり忘れているようであった。最後には喜びの声をあげて椅子から跳び上がり、嬉しくてたまらない様子で部屋の中を歩き回った。それから長い電報を書いた。「僕が出した答えが正解だとすると、君の事件簿に、また新たな愛すべき事件を加えることができるよ、ワトソン君。明日、ノーフォークに行って、友人に、この事件の意味するところについて、何かしら新しいことを知らせることができるだろう」

　私はホームズが発見した内容を知りたかった。でも、彼は自分のタイミングと自分の流儀で物事を話したいのだということもわかっていた。だから、彼にとって私に話す時期が来るまで待たなくてはならない。

　だが、電報の返事は2日待ってもこなかった。ホームズは呼び鈴にずっと注意していた。2日目の夕方、ヒルトン・キュービットから一通の手紙が届いた。その日の朝、日時計の上に踊る人形たちが描かれていたようで、その写しが同封されていた。この絵である。

福尔摩斯盯着这幅新画看了好几分钟后，突然，他惊叫一声站了起来。他的脸色因恐惧而变得苍白。

"我们不能再拖下去了。今晚有去北沃尔什姆的火车吗？"

我查了一下时刻表。最后一班火车刚刚离开。

"那我们就早点吃早餐，赶明早的第一班火车。我需要尽快赶到那里。对了！这是我一直在等的电报。"说着，他就拆开了电报。"我不能浪费哪怕一个小时。我必须让希尔顿·库比特先生知道发生了什么。那个诚实的诺福克地主正处于一个非常危险的境地。"

的确，正如他所说。这个起初看起来没有任何危险的故事，却有一个不幸的结局。我希望能给我的读者带来好消息，但我必须承认，里德林索普庄园的名字即将成为全英国的话题。"

当我们在北沃尔什姆下车时，站长跑过来问我们俩说："你们就是那两位从伦敦来的侦探吧？"

福尔摩斯的脸上闪过一丝不安。

"您为什么会这样认为？"

"马丁探长刚从诺维奇赶过来。哦不，你们该不会是两位医生吧？夫人还有一口气。我最后一次是这么听说的。可能还来得及。但她迟早会被处以绞刑的。"

■ 拖下去（時間を）引き延ばす、ぐずぐずする　■ 哪怕［接］たとえ〜であっても　■ 侦探［名］探侦　■ 迟早［副］遅かれ早かれ、そのうちに　■ 绞刑［名］絞首刑

ホームズは数分の間、この新しい絵を見ていたが、突然、驚きの声をあげて立ちあがった。顔が恐怖で真っ青になっている。

「これ以上は引き延ばせない。今夜、ノース・ウォルシャム行きの列車はあるかな？」

私は時刻表を調べた。最終電車が出たところだった。

「それでは朝食を早めにとって、朝一番の列車に乗ろう。できるだけ早く向かわなくては。おお！ 待っていた電報だ」と開封する。「一時間だって無駄にはできない。ヒルトン・キュービット氏に事の次第を知らせなければ。あの実直なノーフォークの地主は、今とても危険な状況にいるんだ」

実際、その通りだった。最初は何の危険もないように思えたこのストーリーは不幸な結末を迎えた。読者の皆さんにはよい知らせを届けられればよかったのだが、リドリング・ソープ荘園の名前がイギリス中で話題に上ることになったという事実を伝えなくてはならない。

ノース・ウォルシャムで下車すると、駅長が駆け寄ってきた。「ロンドンからいらした探偵さんですね？」

ホームズの顔に不安が走った。

「なぜそう思われるのですか？」

「先程マーティン警部がノリッジからいらしたのです。いや、もしかしたらお医者様でいらっしゃいますか。奥さんはまだ息がある。私が最後に聞いたところでは。まだ間に合うかもしれません。でも、いずれ絞首刑になるでしょうが」

福尔摩斯的脸色变得阴郁。

"我正准备去里德林索普庄园，但我还没听说那里发生了什么事。"

"发生了一件骇人听闻的事。"站长说道，"希尔顿·库比特先生和他的夫人受到了枪击。仆人说夫人先向希尔顿先生开枪，然后又向自己开了枪。先生已经死了。而他的夫人可能也快不行了。哎，他们曾是诺福克郡最古老的家族，大家都很喜欢他们。"

福尔摩斯默默地冲进了马车，在剩下的漫长旅途中一句话也没有说。我从未见过他如此受打击。他一路上都显得焦燥无比。我瞅了瞅福尔摩斯。他虽然心神不宁地看着早报，但当他意识到他最担心的事已成现实的那一刻，他被深深的悲伤所笼罩，陷入了绝望，整个人瘫坐在位子上。然而环绕在我们周围的是一片让人心醉神迷的风景。因为马车正行驶在英格兰数一数二的田园地带。这里的房子分布得很稀疏，可以看出住在这里的人并不多。然而，在两侧宽敞的绿地上耸立着几座带有方形塔楼的巨大教堂，彰显出前东安格利亚王国的荣光。没过多久，我们就在诺福克的绿色海岸线对面望见了日耳曼海（北海的别名）。车夫指着树林中一座古朴的房子说："那里就是里德林索普庄园。"

■ 阴郁 [形]（気持ちや表情が）暗くてさえない ■ 骇人听闻的 [形] 聞く人をびっくりさせる（悪い出来事）■ 枪击 [名] 銃撃 ■ 漫长 [形]（時間が）長い ■ 瞅 [動] 見る、眺める ■ 心醉神迷的 [形] 夢心地である ■ 数一数二的 [形] 有数の ■ 稀疏 [形] まだらである ■ 耸立 [動]（建物などが）高々とそびえ立つ ■ 方形 [形] 四角い ■ 教堂 [名] 教会 ■ 彰显 [動] 物語る、はっきりと示す ■ 荣光 [名] 栄光、永華 ■ 古朴的 [形] 古風な

　ホームズの顔がかげった。

　「リドリング・ソープ荘園に行こうと思っているのですが、そこで何が起こったのか何も聞いていないのです」

　「ひどい事件です」と駅長が言った。「ヒルトン・キュービット氏と奥さんが撃たれたのです。奥さんがヒルトン氏を撃ち、それから自分を撃ったと使用人は言っています。氏は亡くなりました。奥さんもおそらくだめでしょう。ああ、ノーフォーク一の旧家で、皆に愛されていたのに」

　ホームズは無言で馬車へ駆け込み、長い道中、一言も口を開かなかった。彼がここまでショックを受けているのを見たことがない。道中ずっと、ぴりぴりし通しだった。私はホームズを眺めていた。彼は朝刊を不安そうに眺めていたが、最悪の予想が現実になったとわかった瞬間、深い悲しみに襲われ、座席にもたれ絶望に沈みこんだ。しかし、私たちの周りには興味をひく光景が広がっていた。というのは、馬車はイングランドのなかでも有数の田園地域を走っていたのだ。ぽつりぽつりと家が見え、この地に住む人の数を物語る。一方で、両側には、広々とした緑の土地に四角い塔の巨大な教会がいくつかそびえ立ち、旧東アングリア王国の栄華を物語っている。やがて、ノーフォークの緑の海岸線の向こう側にゲルマン海（北海の別名）が見えてきた。御者は森の中に建つ古風な家を指さして言った。「あれがリドリング・ソープ荘園です」

当我们来到大门口时，我们在房屋前侧看到了已故的希尔顿先生向我们所描述的草坪、日晷和谷仓。一个身材矮小、步履轻快的男人也刚到这里。他向我们介绍说，他是诺福克警察局的马丁探长。听到我同伴的名字，他非常惊讶。

"福尔摩斯先生，这个案子是在今天的凌晨3点发生的。您是如何从伦敦听说了这件事，并和我同时到达这里的呀？"

"我感觉到有事情要发生。我来这里是希望能阻止这一切。"

"那么您手上一定有一些重要的证据吧。我真不明白。这对夫妇关系好是出了名的。"

"可以叫做证据的只有一幅画着舞动的小人的画。我之后会向您解释的。我虽没能及时救下希尔顿·库比特先生，但我希望能利用我掌握的信息把事情的来龙去脉搞清楚。我应该协助您调查吗？还是我单独行动会比较好？"

"如果您能协助调查的话我不胜荣幸，福尔摩斯先生。"探长说道。

"如果您允许的话，我想立即开始搜集证词和调查现场。"

■ 步履轻快的［形］きびきびとした　■ 探长［名］警部　■ 及时［副］時を移さず、すぐさま
■ 掌握［動］把握する　■ 来龙去脉［名］経緯、いきさつ　■ 把～搞清楚 ～をはっきりさせる
■ 不胜荣幸 この上なく光栄に存じます　■ 证词［名］証言

正面玄関に着くと、屋敷の正面脇に、在りし日のヒルトン氏が説明して
くれた芝生と日時計、納屋があった。きびきびとした動作の小柄な男が
ちょうど到着したところだった。彼は私たちに、ノーフォーク警察のマー
ティン警部だと名乗った。彼は私の連れの名前を聞いて、とても驚いた。

「ホームズさん、事件は今朝3時に起こったのですよ。いったいどうやっ
てロンドンから聞きつけて、私と同時にこちらに着くなんてことができ
たのでしょうか」

「何か起こるのではと感じたのです。防げればいいがと思ってやって来
ました」

「それでは、重要な証拠をおもちなのでしょうね。どうもわからないの
です。このご夫婦は仲がよかったという評判ですから」

「証拠といっても、踊る人形の絵だけです。あとでご説明しましょう。
ヒルトン・キュービット氏を救うのには間に合わなかったけれど、私が
持っている情報を活用して、真実が解明されることを望んでいます。捜査
をお手伝いした方がいいですか？　それとも私は単独で進めたほうがよろ
しいでしょうか?」

「ご一緒させていただければ光栄です、ホームズさん」と警部は言った。

「そうしていただけるなら、すぐにでも聞きとりと現場検証にかかりた
いのですが」

　　马丁探长是个宽容的人，他并不反对让我的同伴按自己的方式进行调查，他只是在一旁认真地记录着结果。一位满头白发的医生从库比特夫人的房间下来，报告说她的伤口很深，但不会危及性命。他说，由于子弹击中了她的前额，要过一段时间她才能恢复知觉。关于她是被人枪击的，还是自己开的枪这一点，医生并没有给出自己的见解。子弹是在很近的距离内射出的。房间里只有一把手枪，而两颗子弹也是从这把枪里射出的。希尔顿·库比特先生被射穿了心脏。由于手枪落在他们俩之间，所以有可能是库比特先生先向夫人开枪，然后向自己开的枪，也有可能是库比特夫人开的枪。

"您确定没有移动过尸体吧？"福尔摩斯问道。
"除了夫人，我什么都没动过。我不能让她带着伤躺在地上。"

"医生是什么时候来的？"
"4点钟就在这里了。"
"还有其他人在这里吗？"
"是的，还有那边的警察。"
"他没有碰过什么东西吧？"
"没有，什么都没碰过。"
"您办事相当得体啊。那么是谁打电话叫您来的呢？"
"一个在这所房子里工作的女仆。"

■ 危及 [動] 危害が及ぶ　■ 前额 [名]前頭部　■ 恢复知觉 意識を取り戻す　■ 尸体 [名]死体
■ 碰 [動]触る、触れる　■ 得体 [形]適切である、妥当である

マーティン警部はよくできた人物で、わが友人が自分のやり方ですすめることに嫌な顔をせず、ただその結果を丁寧にメモしていた。白髪の医者がキュービット夫人の部屋から降りてきて、傷は深いが命に別状はないだろうと報告した。弾丸が前頭部を打ち抜いているので、意識を取り戻すにはしばらく時間がかかるだろうとのことだった。誰かに撃たれたのか、それとも自分で撃ったのかということについては、医師は自分の意見を述べることはしなかった。弾丸はごく近い位置から発射されていた。室内には拳銃が一丁だけあり、その拳銃から2発の弾丸が発射されていた。ヒルトン・キュービット氏は心臓を撃ち抜かれていた。拳銃が二人の間に落ちていたので、氏が夫人を撃ってから自分を撃ったとも、夫人が犯人だとも、どちらの可能性もあった。

「遺体は移動させていないですね?」とホームズは尋ねた。

「奥さん以外は何も動かしていません。傷を負ったまま床の上に放っておくわけにはいきませんから」

「先生はいつからこちらに?」

「4時からおります」

「ほかに誰かいましたか」

「はい、そこにいる警察の方が」

「何も触れていませんか?」

「ええ、何も」

「よく心得ておいででしたね。誰に呼ばれたのですか?」

「この家の使用人の女性です」

"是那个人报的警吗？"

"对，是她和厨师金太太。"

"他们俩现在在哪儿？"

"在厨房里吧。"

"好吧，那我们先去看看她们有什么要说的。"

我们是在陈旧的大厅录的口供。福尔摩斯在一张老式的椅子上坐下，眼睛扫视着四周。我从他的眼里看到了他的决心：彻查里德林索普庄园事件的真相，证明库比特夫妇的清白。参与录口供的阵容很奇怪：除了福尔摩斯、还有马丁探长、当地的医生、以及我和一个大个子警官。

两个女人的口供都条理清楚。即先被一个巨大的响声吵醒，大约一分钟后又听到了另一声枪响。两人冲出房间，一起来到楼下。书房的门敞开着，桌子上点着蜡烛。房子的主人面朝下倒在房间的正中间。他没有呼吸。夫人则是头靠着墙躺倒在窗边。她伤得很重，脸颊都被鲜血染成了深红色。她还有呼吸，但无法说话。屋内自不必说，就连走廊里也弥漫着硝烟和火药的味道。窗户是紧闭着的，而且是从里面上的锁。对于这一点两人都表示没有异议。他们立即叫来了医生和警察，并让看马的孩子帮忙，将受伤的夫人转移到了她自己的房间。夫人和先生都穿着睡衣，看上去他们在事件发生前是躺在床上的。书房里的所有东西都没有被动过。据两人回忆，夫妻之间从未发生过争吵，他们看起来总是很和睦。

■ 厨师 [名]料理人　■ 口供 [名]聴取　■ 清白 [名]潔白　■ 参与 [動]関与する、関わる　■ 阵容 [名]メンバー、顔ぶれ　■ 条理清楚 [形]筋道が通る　■ 响声 [名]音　■ 敞开 [動]開放する　■ 蜡烛 [名]ろうそく　■ 弥漫 [動](煙や匂いが)充満する　■ 硝烟 [名]硝煙　■ 火药 [名]火薬　■ 异议 [名]異議　■ 转移 [動]移す　■ 回忆 [動]振り返る、思い出す　■ 争吵 [動]喧嘩をする

「その人が警察を呼んだのでしょうか」

「ええ、彼女と料理人のキングさんが」

「ふたりは今どこにいますか?」

「台所でしょう」

「では、さっそくおふたりの話をうかがったほうがいいでしょうね」

　古い広間が事情聴取の場所となった。ホームズは古風な大椅子に腰を下ろし、あたりにくまなく目を光らせた。私はその目に、リドリング・ソープ荘園で起こった事件の真相を明らかにし、キュービット家の潔白を証明するのだという決意が見てとれた。ホームズの他に、マーティン警部と地元の医師、私、大柄の警察官という妙なメンバーで聴取が始まった。

　ふたりの女性はわかりやすく話してくれた。大きな音がして目が覚め、1分ほどしてもう一発の音が聞こえた。ふたりは部屋から走り出て、一緒に階段を下りた。書斎の扉が開いていて、テーブルの上にろうそくが灯っていた。家の主が部屋の真ん中にうつぶせに倒れていた。息はなかった。窓のそばには夫人が、壁に頭をもたせかけて横たわっていた。重傷で、顔の側面が血で真っ赤に染まっていた。息があるのはたしかだったが、話をするのは無理だった。室内はもちろん、廊下にも硝煙と火薬の匂いが充満していた。窓は締まっていて、内側から鍵がかかっていた、ふたりとも、この点については間違いないと言った。ふたりはすぐに医者と警官を呼び、馬番の少年に手伝わせ、負傷した夫人を自室に移した。夫人も氏も、寝間着を着ており、事件が起こる前に床についていた形跡があった。書斎の中は、何も動かされていなかった。ふたりの知る限りでは、夫婦のあいだに諍いがあったことはなく、いつも幸せそうにしか見えなかった。

24

以上就是从她们的证词中获得的信息。针对马丁探长的问题，她们回答说确信每扇门都是从里面锁上的，没有人从房子里跑出去。对于福尔摩斯的问题，她们回答说当她们从位于顶楼的自己的房间跑出来时，确实闻到了火药味。"这一点非常重要。"福尔摩斯对探长说，"现在我们来彻底地检查一下这个房间吧。"

书房是一个小房间，三面都是书架，正对着窗户摆放着一张写字台，从那里可以看到花园的全貌。我们首先检查了横躺在房间中央的希尔顿·库比特先生的尸体。从他的着装来看，他似乎是直接从卧室来到这里的。而子弹是从正面射来的，直接射进了他的心脏。他的背上没有伤痕，说明子弹还留在他的体内。他大概是当场死亡，并没有感受到太多的痛苦。他的衣服和手上都没有发现火药的痕迹。据医生说，夫人的脸上有火药的痕迹，但手上没有。

"我无法从没有火药痕迹这一点看出什么来。如果有的话，一切就都清楚了。"福尔摩斯说，"除非子弹装填得不好，火药是向后飞出来的，否则开很多枪而不留下痕迹也是有可能的。库比特先生的尸体现在可以移走了。医生，击中库比特夫人的子弹还没有取出来吧？"

■ 顶楼 [名]最上階　■ 闻 [動]嗅ぐ　■ 写字台 [名]書き物机　■ 背上 [名]背中　■ 当场 [副]その場で　■ 痛苦 [名]苦痛、痛み　■ 装填 [動]装填する

　これがふたりの証言から得た情報である。マーティン警部の質問に対して、どの扉も内側から鍵がかけられていたことは確かで、家から逃げた人物もいないと答えた。ホームズの質問に対しては、一番上の階にある自分たちの部屋から飛び出してきたときには、たしかに火薬の匂いがしていたと答えた。「これはとても重要なことです」とホームズは警部に言った。「今度は、部屋を徹底的に調べてみましょう」

　書斎は小さな部屋で、三方に本棚があり、窓に面して書き物机が置かれ、そこから庭を見渡すことができた。私たちはまず、部屋を横切るように横たわっているヒルトン・キュービット氏の遺体を調べた。着衣の状況からみて、寝室からまっすぐにここへ来たのだろうと思われた、弾丸は正面から発射され、心臓に届いていた。背中に傷跡がないところをみると、体内にとどまっているようだ。即死で苦しむ間もなかっただろう、衣服と両手のどちらにも火薬の跡はない。医師によると、夫人は顔にその跡があったが、手にはなかったとのことだ。

　「火薬の跡がないということからは何もわかりませんね。あれば全てわかりそうなんですが」とホームズは言った。「弾の込め方が悪くて火薬が後ろへ飛ぶようなことがない限り、痕跡を残さずに何発も撃つことができます。キュービット氏の遺体はもう動かしていいでしょう。先生、夫人を撃った弾丸はまだ摘出していませんよね」

　　"要等她的情况好转一些才能取出来。但枪里还剩四颗子弹。两颗子弹被射了出来，又正好有两个人受伤，所以说数字是对的上的。"

　　"嗯，看上去是这样的。但你还应该算上那颗射入窗户边缘的子弹。"福尔摩斯说。

　　他突然转过身去，用他那细长的手指指着下层窗台底部的一个洞。

　　"真的有个洞！"马丁探长惊呼道。"您是怎么发现这个的？"

　　"因为我一直在找它。"

　　"我的老天爷啊！和您说的一模一样。既然开了三枪，那么就意味着有第三个人。但是那个人是谁，而他又是怎么跑掉的呢？"

　　"这就是我们现在正在研究的问题。"福尔摩斯回答说。

　　"马丁探长，当女仆们说她们一离开房间就闻到火药味时，我说这点非常重要。你还记得吗？"

■ 好转 [動]（状況や関係、病気などが）好転する　■ 边缘 [名]縁　■ 跑掉 [動]逃げ切る

「もう少し回復なさるまで無理です。でも、銃にはまだ4発残っています。2発が発射されて2人が負傷したので、勘定は合っています」

「まぁ、そう見えますね。でも、あの窓の縁に撃ち込まれた弾丸も勘定に入れたほうがいいですよ」とホームズが言った。

そしてひょいと振り返ると、長くてほっそりした指で、下の窓枠の底のすぐ下にできている穴を指した。

「本当だ!」とマーティン警部が叫んだ。「どうやってこれを見つけたのですか?」

「探していたからです」

「なんていうことだ! あなたのおっしゃる通りです。3発目が撃たれたということは、3人目の人物がいるということになりますね。でも、誰がここにいたのでしょう、それにどうやって逃げたのでしょうか?」

「それこそが、今私たちが取り組んでいる問題です」とホームズが答えた。

「マーティン警部、使用人の女性たちが部屋を出てすぐに火薬の匂いがしたと行った時、私はこの点が大変重要だと言いましたよね。憶えていますか?」

"当然了，福尔摩斯先生。但是，我不明白这一点到底能说明什么。"

"这说明，在开枪的时候，房间的窗户和门都是开着的。否则，烟雾就不会在这么短的时间内弥漫整个房子。如果房间里没有风吹过的话。但是，门和窗都只在极短的时间里被打开过。"

"您怎么能这么肯定呢？"

"因为蜡烛燃烧得很均匀。"

"好极了。说得好极了！"探长惊叹道。

"如果可以肯定枪响时窗户是开着的，那么就存在第三个人。而那个人是从开着的窗户外面开的枪。此外，射向那个人的子弹可能击中了窗框。我仔细看了看，确实有一个弹孔。"

"但是为什么窗户是关着的，而且上了锁呢？"

"一定是夫人马上关了窗户并上了锁。但是您看，这是什么？"

书房的桌子上放着一个女式手提包。福尔摩斯打开它，将包里的东西倒在桌上。里面是一捆25英镑的纸币，仅此而已。

■ 肯定 [動] 言い切る　■ 均匀 [形] 均等である　■ 击中 [動] (弾丸やボールが) 当たる　■ 弹孔 [名] 弾の痕　■ 女式手提包 女性もののハンドバッグ　■ 一捆 一束

「もちろんです、ホームズさん。でも、実はどういうことかわかっていませんでした」

「それはね、発砲されたときに、窓も部屋の扉も開いていたということを意味するのです。そうでないと、そんな短時間に煙が家じゅうにたちこめるわけがない。部屋を吹き抜ける風がなくてはね。でも、ドアと窓の両方が開いていたのはごくわずかの時間です」

「なぜそう言い切れるのですか?」

「ろうそくの蝋が偏りなく均等に流れています」

「素晴らしい。素晴らしいです!」と警部が叫んだ。

「銃が撃たれたときに窓が開いていたのが確かなら、3番目の人物がいた。その人物は開いていた窓の外から発砲したのです。そしてその人物に向けて撃たれた弾丸が窓の枠に当たったかもしれない。よくみると、たしかに弾の痕がありました」

「しかし、窓が閉められ、掛け金がかかっていたのはなぜでしょう?」

「奥さんがとっさに窓を閉めて掛け金をおろしたのでしょうね。しかし見て下さい、これは何でしょうか」

書斎の机の上に女性もののハンドバッグがあった。ホームズが開けて中のものを机の上に出した。25ポンド紙幣の束、それだけだった。

"请帮我保管起来。我或许需要它作为证据。"福尔摩斯一边说一边把包和纸币递给探长。"马丁探长，我们现在来想想这第三颗子弹吧。从窗台上的痕迹来看，它应该是从屋内射出去的没错。我得去问问厨师金太太。金太太，你说你是被一声巨响，也就是被枪声惊醒的，没错吧。照你这么说的话，那么是否意味着第一声枪响比第二声枪响要响一些呢？"

"对啊，但由于我是被最初的声响吵醒的，所以不是很确定。但那一声的确很响。"

"你觉得两发子弹有可能是在同一时间被射出的吗？"

"我不知道。"

"我倾向于认为大概率是这样的。马丁探长，我想我们已经无法从这个房间里得到更多的信息了。如果您不介意的话，我想去花园里转转，寻找新的证据。"

书房的窗户下面是一座花坛。花朵被践踏过，松软的泥土上布满了脚印。除了福尔摩斯之外，所有人都很惊讶。福尔摩斯像一只猎犬在寻找一只被射中的鸟一样，在花草丛中来回翻找。接着，他欢呼一声，并捡起一个小弹壳（装子弹的管子）。

"和我想的一样。这是第三发子弹的弹壳。马丁探长，看来这个案子已经基本解决了。"

■ 转转 [動] 回ってみる　■ 寻找 [動] 探す　■ 践踏 [動] 踏みにじる　■ 松软的 [形] ふわふわで柔らかな　■ 猎犬 [名] 猟犬　■ 翻找 [動] 調べまわる　■ 欢呼 [動] 歓呼の声をあげる　■ 弹壳 [名] 薬莢

「保管しておきましょう。証拠として必要になりそうです」。ホームズは
バッグと紙幣を警部に渡しながら言った。「マーティン警部、次はこの3
番目の弾丸について考えてみましょうか。窓枠に残った跡から見て、室内
から発砲したのは間違いないでしょう。料理人のキング夫人にお聞きし
なくては。キングさん、あなたは大きな音、つまり銃の発射音だったわけ
ですが、その音で目が覚めたと言っていましたね。そうおっしゃるという
ことは、2発目の音よりも最初の音の方が大きかったということですか?」

「そうですね、最初の音で目が覚めたので、なんとも言いかねます。で
もとても大きな音でした」

「二発がほぼ同時に撃たれたとは考えられませんか」

「わかりません」

「僕はそうに違いないとにらんでいるんですがね。マーティン警部、も
うこの部屋から得られる情報はないと思います。よろしければ庭を回っ
て、新しい証拠を探しませんか」

書斎の窓の下から花壇が伸びている。花が踏みにじられ、柔らかな土
にはたくさんの足跡がついていて、ホームズ以外の面々はあっと驚いた。
ホームズは撃たれた鳥を探す猟犬のように草花の間を調べ回った。そし
て、喜びの声とともに、小さな薬莢(弾丸を入れておく筒)を拾いあげた。

「思った通りだ。これが3発目の薬莢です。マーティン警部、この事件
もほぼ解決のようですね」

这位乡下探长的脸上露出了对福尔摩斯快速而娴熟的调查的钦佩之情。起初他似乎还想按自己的风格行事，但现在他不再反对福尔摩斯的行事风格，而是跟着他的思路走了。

"您认为犯人是谁呢？"探长问道。

"我们等会儿再谈这个问题。关于这个问题我还有一些事情无法解释。但我们既然已经走到这一步了，我认为按这个方针继续下去才是上策。在那之后，我想一切都会水落石出的。"

"好的，那就全听您的了，福尔摩斯先生。我们只要能抓住凶手就够了。"

"我不是说这很难，我是说这不可能。如果要基于此刻的行动做长篇大论的解释的话。这个案子的真相已经基本澄清了。即使夫人没有恢复知觉，我们也能弄清昨晚发生的事情，并抓住凶手。首先，我想知道这附近是否有一个叫'埃尔里奇'的地方。"

我们询问了仆人，但他们都说没有听说过。只有那个看马的男孩告诉我们，朝着东拉斯顿的方向，在几英里开外住着一个叫这个名字的农场主。

■ 娴熟 [形] 手慣れている、熟達している　■ 钦佩 [動] 感服する、感心する　■ 风格 [名] 流儀　■ 行事 [動] 事を行う　■ 水落石出 ことの真相が明らかになる　■ 长篇大论 長たらしい議論、長談議　■ 澄清 [動] (問題や認識を)はっきりさせる、明確にする　■ 询问 [動] 質問する　■ 农场主 [名] 農場主

　この田舎の警部の顔に、ホームズの迅速で巧みな捜査に感嘆する様子が見てとれた。最初のころは自分の流儀で進めたそうなそぶりを見せていたが、今ではもう、ホームズのやり方に対抗しようとはしなくなり、ホームズに言われるままに付いてきていた。

　「犯人は誰だとお思いですか?」と警部が尋ねた。

　「それについては後で。この問題にはまだいくつか説明できないことがあります。でも、ここまで来ましたから、この方針のまま続けていくのが一番だと思います。その後、一度にすべてを明らかにしたいのですが」

　「ええ、おまかせいたしますよ、ホームズさん。犯人さえ逮捕できればいいのです」

　「難しいと言う意味ではなくて、不可能なのですよ。行動中に長い説明をするというのがね。この事件の真相はほぼ解明いたしました。夫人の意識が戻らなかったとしても、昨夜の顛末を明らかにして犯人をつかまえることができます。まず、このあたりに『エルリッジ』という名前の場所があるかどうかを知りたいのですが」

　使用人たちに尋ねてみたが、誰も聞いたことがないと言う。しかし、馬番の少年から、数マイル先、イースト・ラストンの方角に、そういう名前の農場主がいるとの情報を引き出すことができた。

"那是个很偏僻的地方吗？"

"是的，非常偏僻。"

"这么说，那里的人大概不知道昨天晚上发生了什么。"

"是的，应该是这样。"

福尔摩斯想了一会儿，脸上浮现出了奇怪的微笑。

"你去给我把马准备好。"他说，"我要你送一封信到那个埃尔里奇农场去。"

福尔摩斯把手伸进口袋，掏出各种画着小舞人的纸片。他把它们在面前摊开，并在书房的桌子上画了好一会儿。最后，他把一封信递给了男孩，吩咐他把信直接交给收信人，并且绝对不要回答任何问题。我看了看信上写的收信人，发现信是写给诺福克郡东拉斯顿埃尔里奇农场的阿比·斯兰尼先生的，而字迹看上去歪歪斜斜的，一点也不工整，与福尔摩斯平时的笔迹大相径庭。

"探长，我想我们应该请求支援。如果事情像我预料的那样发展，我们就会有一个非常危险的人需要对付。华生，如果今天下午有去城里的火车，我们最好就坐那辆车。这次调查很快就会结束。"

■ 偏僻的 [形] 辺ぴな ■ 字迹 [名] 筆跡 ■ 歪歪斜斜的 [形] ぎくしゃくとした ■ 工整 [形]（文字などの書き方が）きちんとしている、整っている ■ 大相径庭 大差がある、雲泥の差がある
■ 支援 [名] 応援 ■ 对付～ [動] ～を相手に戦う

「辺ぴなところにあるのかな?」

「ええ、とても」

「それなら、そこにいる人たちはこの夜に起こったことを知らないだろうね」

「ええ、おそらく」

ホームズは少し考えてから、何とも不思議な微笑を浮かべた。

「君、馬の用意をしてくれ」と彼は言った。「そのエルリッジ農場へ、手紙を届けてほしいんだ」

ホームズはポケットから、踊る人形が描かれた種々の紙を取り出した。そして自分の前に広げると、しばらく書斎の机に向かった。やがて、一通の手紙を少年に渡し、この宛名の人物に直接渡すこと、どんな質問をされたとしても決して答えないこと、との指示を出した。私はその手紙の宛名を見たが、ホームズのいつもの筆跡とは似ても似つかぬ、ぎくしゃくとした不ぞろいの文字で、ノーフォーク州、イースト・ラストン、エルリッジ農場、エイブ・スレイニー様と書かれていた。

「警部、応援を要請した方がいいかと思います。僕の予測どおりに事が進むとすれば、大変危険な男を保護することになります。ワトソン君、午後に街へ向かう列車があれば、乗ったほうがいいだろうね。この捜査はもうすぐ終わる」

25

　　当男孩拿着信离开后，夏洛克·福尔摩斯又吩咐仆人们说，如果有人来探望希尔顿·库比特夫人，不要告诉他夫人的情况，而是请他立刻去客厅。福尔摩斯说现在我们已经没有工作要做了，因此我们可以放松一下，静观事态的发展。他一边说着一边走向客厅。医生已经离开了房子，只剩下马丁探长和我。

　　"现在就让我来帮你们享受接下来的一个小时吧。"福尔摩斯说着，就将一把椅子拉到书桌前，然后把一张张画着小舞人的纸片摆在面前。"华生，我必须为让你，我的朋友，等了这么久都没有解开谜团而道歉。而您，探长，自然对这个案子非常感兴趣。让我先来说说，我们是如何与希尔顿先生以及这个案子扯上关系的。"接着，福尔摩斯简要介绍了我到目前为止所写的内容。"我的面前有一排奇怪的画。如果不是导致了如此不幸的结局，它们将不值一提。我熟悉各种形式的密码，并就这个题目写过一篇详细的文章。我分析过许多密码，但我从未见过这样的东西。想出此种密码规则的人是为了掩盖图画真正的含义，让人们觉得这不过是孩子的涂鸦。"

■ 静观 ［動］冷静に観察する、注視する　■ 导致 ［動］もたらす、招く　■ 不值一提 取るに足りない　■ 熟悉 ［動］慣れ親しむ、熟知する　■ 密码 ［名］暗号　■ 掩盖 ［動］隠す、隠ぺいする

250

　少年が手紙を持って出発すると、シャーロック・ホームズは、再び使用人たちに向かって、ヒルトン・キュービット夫人を訪ねてくる者がいたとしても、容態を知らせないようにし、その者をすぐに居間に通すこと、との指示を出した。それから彼は、仕事はもう自分たちの手を離れたから、次の展開までのんびりしよう、と言いながら居間に向かった。医師はすでに屋敷を後にしていて、マーティン警部と私だけが残っていた。

　「では、これから1時間をおふたりが楽しくすごせるようにお手伝いしましょう」とホームズは言い、椅子を机の方へ引き寄せて、踊る人形たちを記録したそれぞれの紙切れを前に並べた。「ワトソン君、友人である君をこんなに長い間、謎解きをせぬままに待たせてしまったことを謝らなくてはならないね。それから警部、あなたも当然、この事件に強い関心をおもちのことでしょう。まずは、私たちがヒルトン氏、そしてこの事件と関わったいきさつをお話ししましょう」。そしてホームズは、私がここまで記してきた内容を簡潔に説明した。「私の前に、奇妙な絵が並んでいます。このような不幸な結末につながったものでなければ、他愛ない代物です。私はさまざまな暗号の形式について造詣がありまして、このテーマで細やかな記事も書いたことがあります。その中では多くの暗号を分析したのですが、実はこのようなものは見たことがありませんでした。この暗号の規則を考えた人間の目的は、この絵が何かしらの意味をもつということを隠し、子どもの落書きにすぎないという印象を与えることでしょう」

"一旦发现小人的符号与字母的对应关系，就可以通过应用适用于所有类型密码的相同规则来轻松破译它们。第一条信息太短了，唯一能确定的是，这个小人 代表字母 E。如你们所知，E 是英语中使用频率最高的字母，比其他任何字母使用的频率都要高，即使在短句中也出现得最频繁。第一条信息中的 15 幅画中有 4 幅画是相同的。那么，将这幅画认定为字母 E 应该是合理的。有的画上有旗子而有的却没有，从它们的画法来看，我觉得旗子可能意味着单词之间的间隔。因此我认为这幅画 代表的是字母 E。

但是，接下来才是密码破译最困难的地方。关于在英语中使用频率仅次于 E 的英文字母是什么这个问题，并没有确切的答案。一般来说，按照频率从高到低的顺序排列是 T、A、O、I、N、S、H、R、D、L，但 T、A、O 和 I 出现的频率几乎相同，所以要找出有意义的字母组合是一项无休止的工作。所以我选择等待新数据的出现。希尔顿先生在我们第二次见面时，给我带来了三个简短的样本。其中一个我认为只有一个词，因为没有出现旗子。这就是那些小人的排列方式。我们可以看出这个单词由五个字母组成，而字母 E 排在第二和第四位。对于这样一个单词，'never' 作为对一个问题的答复似乎很有可能。从谷仓门上图画的位置来看，我想这可能是夫人画的答复。如果这一点是正确的，那么这些符号 将分别代表 N、V 和 R。"

■ 适用 [動] 適応する　■ 类型 [名] 類型　■ 频率 [名] 頻度　■ 认定 [動] 認定する　■ 旗子 [名] 旗　■ 间隔 [名] 区切り、間隔　■ 确切的 [形] 決定的な、確かな　■ 排列 [動] 並べる　■ 无休止的 [形] 果てしない　■ 答复 [名] 返事

　「人形の記号が文字に対応していると見抜いて、あとはあらゆる型の暗号に通じる規則をあてはめていくと、簡単に解読できるのです。最初のメッセージは短すぎて、間違いなく言えたのは、この人形 𝕏 がアルファベットのEであることだけです。ご存じのように、Eは英語では最も頻繁に使われる文字で、その使用頻度は他のどの文字よりも高く、短い文の中でも一番たくさん使われます。最初のメッセージにある15個の絵のうち4つが同じものでした。それならば、この絵をEとするのが妥当でしょう。旗をもっている場合ともっていない場合があるのですが、その使われ方からみると、旗は単語の区切りの印を意味するのではなないかと考えました。それで、Eはこの絵 𝕏 で表されるのだと考えました。

　しかし、ここからが暗号解読の本当に難しいところです。英語でEの次に頻繁に使われる英語の文字が何かということについては、決定的なものはありません。一般的には、頻度が高い順にT、A、O、I、N、S、H、R、D、Lと言われていますが、T、A、OとIはほとんど同じぐらいの頻度で登場しますから、意味のある文字の組み合わせを洗い出していたら、果てしない作業になります。それで私は、新たなデータを待ちました。ヒルトン氏が2度目の面談のときに、3つの短いサンプルを持ってきてくれました。そのうちのひとつは、旗が見あたらないので、1語だけだと思われました。これがその人形の並びです。5文字からなる1語のなかで、2番目と4番目にEが来るということがわかりました。そして、そのような単語の中で「never」（絶対にだめ）ならば、何かの呼びかけの応えとしてありえそうに思えました。納屋の扉に描かれていたときの状況から考えると、夫人が描いた返事ではないかと思いました。これが正しいとすると、この記号 𝕏𝕏𝕏 はそれぞれ、N、V、Rということになります」

"即使到了这一步依旧困难重重，但后来我对其中一些字母产生了灵感。如果像我预测的那样，这是夫人的一个老熟人写的密码，那么第一个和最后一个字母是E，其中夹着三个字母的词应该就是夫人的名字'ELSIE（艾尔西）'了。再仔细看一下，我发现这三条信息都是以这个组合作为结尾的。于是可以肯定，这些信息都是针对夫人写的。像这样，我们就知道了L、S和I。但是他想让夫人干什么呢？ELSIE 的前面只画了四个字母，还是以E结尾的。这一定就是'COME（过来）'没错了。我查找了以E结尾的四个字母的单词，但它们似乎都不符合这种情况。像这样我在确定了C、O、M之后，又看了一遍第一条信息。如果我们把这几个词拆开来看，用点来代替我们还没有弄清楚的字母，就会得到如下的结果。

. M . ERE . . E SL . NE .

第一个字母在这个短句中出现了三次。那它只能是A。这是一个非常有用的发现。第二个词中一定有一个H。如果是这样的话，

AM HERE A . E SLANE .

■ 困难重重 困難な状況が幾重にも重なっている　■ 灵感 [名]インスピレーション　■ 老熟人 [名]昔の知り合い　■ 夹 [動]挟む、挟まれる　■ 代替 [動]置き換える

　「これでもまだ先は長いと思われましたが、いくつかの文字について、あることがひらめいたのです。私が予測した通り、これが夫人の昔の知り合いからの暗号だとすれば、最初と最後がE、その中に3文字が挟まれている言葉は、夫人の名前「ELSIE」（エルシー）ではないだろうか。あらためて見てみると、3回の通信の末尾がこの組み合わせになっていました。これは夫人あての伝言とみて間違いなさそうです。こうしてL、S、Iがわかりました。でも、何を呼びかけていたのか。ELSIEの前には、たった4文字しかない単語が描かれているだけで、Eで終わっています。これは「COME」（来い）に間違いないでしょう。末尾がEで4文字の言葉をあれこれ調べてみましたが、どうもこの状況には合わないのです。そうしてC、O、Mが判明したので、もう一度最初のメッセージを見てみました。単語に区切り、まだ判明していない文字を点に置き換えてみると、このようになりました。

.M.ERE..ESL.NE.

　最初の文字は、この短い文章の中で3度も出てきます。これはAしかない。これは大変有益な発見でした。2つめの言葉にはHが入るに違いない。そうすれば、

AM HERE A.E SLANE.

如果把名字填进去的话，

　　　　AM HERE ABE SLANEY.

　　　（我来了，亚伯·斯兰尼。）

就成了这样。

现在我们知道了相当多的字母，于是可以较为轻松地解读第二个句子了。它是这样的。

A . ELRI . ES

如果我们在还不清楚是什么的地方填入一个 T 和一个 G，它就变成一个有意义的词了。这很可能是那个画画的人所住的叫埃尔里奇的房子或农场的名字。"

马丁探长和我如痴如醉地听着他这个完美且易懂的解释。我的朋友所得出的结论，为我们彻底解决眼前这起棘手的案件提供了抓手。

"福尔摩斯先生，之后怎么样了呢？"探长问。

"嗯，Abe Slaney（亚伯·斯兰尼）一定是个美国人，因为 Abe 是个美国名字，而来自美国的那封信是整个事件的开端。另外，从夫人谈及她过去的方式来看，我认为本案中涉及到了一个隐秘的犯罪。因此，我给我在纽约警察局的朋友维尔森·哈格里夫发了一封电报。我们在伦敦的案子里常有合作。

■ 如痴如醉 あることに夢中になる　■ 易懂的 [形] わかりやすい　■ 结论 [名] 結論　■ 棘手的 [形] 手を焼く、厄介な　■ 抓手 [名] 取っ手、手がかり　■ 开端 [名] 発端　■ 涉及～ [動] ～に絡んでいる　■ 隐秘的 [形] 隠れた　■ 纽约 [名] ニューヨーク　■ 合作 [名] 連携、コラボレーション

名前を入れれば

AM HERE ABE SLANEY.
（来たぞ、エイブ・スレイニー）

となります。

かなりの文字がわかったので、2番目の文章解析はそれほど問題なく進めることができました。このようになります。

A . ELRI . ES

ここでわかっていないところにTとGを入れると、何とか意味が通じる言葉になります。おそらく書き手が滞在しているエルリッジという家か農場の名前でしょう」

マーティン警部と私は、この完璧でわかりやすい説明に夢中で耳を傾けた。我が友が披露している結論は、目の前にある難事件を完全解決に導いていくものであった。

「ホームズさん、それからどうされたのですか」と警部が尋ねた。

「Abe Slaney（エイブ・スレイニー）なる人物は、どう見てもアメリカ人でしょうね、Abeはアメリカの名前ですし、アメリカから来た手紙がこの事件の発端だったのですから。また、自分の過去に対する夫人の話ぶりからみて、この事件には隠れた犯罪が絡んでいると考えられます。そこで私は、ニューヨーク警察にいる友人のウィルスン・ハーグリーヴへ電報を打ちました。ロンドンの事件ではたびたび協力した間柄です。

我问他是否听说过亚伯·斯兰尼这个名字，他回复我说那个人是"芝加哥最危险的罪犯"。就在这封回信到达的当天晚上，希尔顿·库比特先生给我们寄来了来自斯兰尼的最后一张小舞人的画。如果我们把已经弄明白的字母填进去，就会得到这样一句话。

ELSIE . RE. ARE TO MEET THY GO .

如果在此基础上再加上两个 P 和一个 D 来完成这句话，我们不难发现信息的内容已经从恳求见面变成了胁迫。ELSIE, PREPARE TO MEET THY GOD.（埃尔西，准备好见上帝吧）我立即和华生赶到诺福克，但不幸的是，要阻止这件事已经来不及了。"

"能和您一起办这个案子，我感到万分荣幸。"马丁探长由衷地感叹道。"只是，我有句话不知道该不该讲。我相信您只要有了合理的解释就能得到满足，但我却不能。如果住在埃尔里奇的亚伯·斯兰尼真的是罪魁祸首，而我却因为呆在这里把他放跑了的话，我就会有很大的麻烦。"

"您不用担心。他不会逃跑的。"
"您怎么知道？"
"因为如果他试图逃跑，就等于承认自己是凶手。"

■ 基础 [名]基礎、ベース　■ 恳求 [動]懇願する　■ 胁迫 [動]脅迫する　■ 上帝 [名]ゴッド、神　■ 来不及 間に合わない　■ 由衷地 [副]心から発する、衷心から出る　■ 罪魁祸首 犯罪事件や災禍の元凶　■ 放跑 [動]逃がす

　彼に、エイブ・スレイニーという名前を知っているかと聞いたところ、「シカゴで一番危険な犯罪者」との返事がきました。この返信が届いたちょうどその夜、ヒルトン・キュービット氏がスレイニーからの最後の踊る人形たちの絵を送ってきたのです。判明した文字をあてはめると、このようになります。

ELSIE . RE . ARE TO MEET THY GO .

　ここに2つのPと1つのDを加えて伝言を完成させてみると、メッセージの内容が、以前の会いたいという懇願から危険を匂わすものへと変わってきたことがわかりました。ELSIE, PREPARE TO MEET THY GOD.（エルシー、神に会う覚悟をせよ）　すぐさま私は、ワトソンとともにノーフォークへと駆けつけましたが、残念なことに、事件を食い止めるには遅すぎました」

　「あなたとこの事件に取り組むことができて光栄です」とマーティン警部は心を込めて言った。「ただ、一言言わせていただけますか。あなたはご自身で説明できればそれでいいのでしょうけれども、私はそうはいきません。そのエルリッジに滞在しているエイブ・スレイニーなる男が本当に犯人だったとして、私がここにいる間に逃げられていたら、私としては大変困ったことになるのです」

　「ご心配には及びません。逃げようなどとはしませんよ」

　「なぜおわかりなのですか」

　「逃げようとすることは、自分が犯人だと公言することになるからです」

"那我们就去逮捕他吧。"

"他应该很快就会来了。"

"他为什么会来这里?"

"因为是我写信让他来的。"

"我才不相信呢,福尔摩斯先生。您让他来他就会来吗?您这样做有可能会惊动他,甚至让他跑了也说不定。"

"我想我知道如何写这样一封信,让他一定会来。"夏洛克·福尔摩斯说。"我敢肯定。这位先生正在来这里的路上。"

一个男人走在通往前门的小路上。他身材高大,面容匀称,戴着一顶宽边帽。他沿着小路走来,仿佛这里是他的领地似的。接着他按了按门铃。

"先生们。"福尔摩斯小声说道,"我想我们最好躲在门后面。在对付这种人的时候,我们必须尽可能地小心。探长,我们还需要手铐。和他说话这件事就交给我吧。"

我们屏气凝神等待了一分钟左右。这是我毕生难忘的一分钟。终于,门开了,一个男人进来了。他一进门,福尔摩斯就立马用手枪顶着他的头,接着马丁探长给他戴上了手铐。一切都发生得如此之快,以至于那人无法抵抗。然后,当他终于反应过来发生了什么的时候,他用仇恨的目光瞪着我们每一个人,并发出了奇怪的笑声。

■惊动 [動]警戒させる　■通往~ [動]~へ続く　■面容 [名]顔立ち　■匀称 [形]整っている　■领地 [名]領地　■手铐 [名]手錠　■屏气凝神 息をつめて集中する　■顶 [動]突きつける　■仇恨的 [形]憎しみの　■瞪 [動]睨みつける

「それなら逮捕しに行きましょう」

「まもなくここへ来るはずですよ」

「なぜ彼がここへ?」

「彼に手紙を書き、そう頼んだからです」

「そんな、信じられませんよ、ホームズさん。奴が来いと言われたから来るだなんて。そんなことをしたら警戒させてしまうか、逃げかねませんよ」

「僕は、彼が間違いなくここへ来るような手紙の書き方を知っているつもりですから」とシャーロック・ホームズは言った。「間違いなさそうです。その紳士がこちらへ向かっておいでです」

一人の男が玄関へ続く道を歩いてくる。背が高く、整った顔立ちをしていて、つば広の帽子を被っていた。まるでこの場所は自分の領地だとでもいうような素ぶりで小道を歩き、呼び鈴を鳴らした。

「諸君」とホームズが声をひそめて言った、「我々はドアの後ろに隠れた方がよさそうですね。あの手の男を相手にするには、できる限りの用心をしなくてはなりません。警部、手錠も必要です。話をするのは僕に任せて」

私たちは1分間ほど、息をひそめて待った。一生忘れることがない1分だ。やがて扉が開き、男が入ってきた。と、次の瞬間、ホームズが拳銃を男の頭に突きつけ、マーティン警部が手錠をはめた。すべてがあっという間に行われたので、男は抵抗もできないでいた。そして自分に起こった事態をようやく把握してから、憎しみのこもった目で私たちをひとりひとり睨みつけ、妙な笑い声をあげた。

"我明白了，是你们给我下了圈套。但我是收到了希尔顿·库比特夫人的一封信才来的。别告诉我是她帮你们抓我的。"

"希尔顿·库比特夫人伤势严重，性命攸关。"

那个男人大叫起来。他的声音响彻了整个屋子。

"别胡说八道。我开枪打的是那个男人，又不是她。到底是谁朝我亲爱的艾尔西开的枪？虽然我可能是吓到她了——但我向上帝发誓——我没有碰过她一根头发。"

"夫人被发现时已受了重伤。就躺在她已故丈夫的身边。"

那人呻吟了一声，倒在椅子上，用双手捂住脸。他沉默了一会儿，但随后又抬起头来。他虽然显得很不安，但似乎已经恢复了平静。

"我没有什么可隐瞒的。"那人开口说道，"我开枪打了那个男人，是因为他先向我开的枪。我并不是想杀他。但如果你们认为是我伤害了艾尔西，那你们就既不了解我也不了解她。听着，我是爱她的。我爱她胜过世界上任何男人对任何女人的爱。她多年前就曾答应过我，要做我的女人。是那个英国人横刀夺爱。听着，我对她拥有优先权。我只是想得到属于我自己的东西罢了。"

■ 圈套 [名]罠　■ 伤势严重 ひどい傷を負った状態　■ 性命攸关 危篤状態　■ 胡说八道 うそ八百を並べる　■ 发誓 [動]誓う　■ 呻吟 [動]呻く　■ 捂 [動]手で覆う　■ 胜过～ ～より勝る　■ 答应 [動]約束する　■ 横刀夺爱 略奪愛、恋人を横取りする　■ 优先权 [名]優先権　■ 属于 [動]属する

「なるほど、俺をはめたわけだな。だが、俺はヒルトン・キュービット夫人の手紙に応じてここに来たんだ。あいつが俺を捕まえる手助けをしたなんてことはないんだろう?」

「ヒルトン・キュービット夫人は重体で、危篤状態だ」

男は叫び声をあげた。その声は家じゅうに轟いた。

「ふざけるな。俺が撃ったのは男のほうで、あいつじゃない。一体だれが愛しいエルシィを撃ったんだ。怖い思いをさせたかもしれないが——神様に誓ってもいい——髪の毛一本たりとも触っていない」

「夫人は、ひどい傷を負った状態で発見された。亡くなった夫のそばで」

男はうめき声を上げて椅子に倒れこみ、両手で顔を覆った。ほんのしばらく静かにしていたが、また顔をあげた。動揺してはいたが、落ち着きはとり戻しているようだった。

「隠すことは何もない」と男は話し始めた。「俺が男を撃ったなら、それはやつが俺を撃ったからなんだ。殺そうとしたわけじゃない。でも、あんたたちが、俺がエルシィを傷つけたと思ってるなら、俺のこともあいつのこともわかっていないんだ。いいか、俺はあいつを愛していた。この世界のどんな男がどんな女を愛するよりも激しく愛していた。何年も前にあいつは、俺のものになると約束してくれたんだ。あのイギリス人が割り込んできたんだよ。いいか、俺には彼女に対する優先権がある。自分のものを手に入れようとしただけだ」

　　"夫人离开你是因为她意识到了你的本性。"福尔摩斯说，"她从美国跑出来，在英国嫁给了一个好男人。你跟踪她，并打扰了她的新生活。你不但害死了一个善良的男人，还把他的妻子逼得自杀。亚伯·斯兰尼，这就是你在本案中的所作所为。等着法律的制裁吧。"

　　"如果艾尔西死了，我自己怎么样都无所谓了。"他说。然后他张开一只手，递过来一张纸。"看看这个。"他喊道。他的眼睛告诉我他还没有放弃希望。"你该不会是在骗我吧？如果她像你说的那样受了重伤，那这是谁写的？"

　　"是我画的。就为了引诱你到这里来。"
　　"你？除了我们一伙人，没人知道这个小舞人的秘密。你是怎么画出来的？"
　　"既然这是人想出来的，就会有人知道如何解释它。"福尔摩斯说。"斯兰尼先生，送你去诺维奇的马车已经在来的路上了。但你现在还有时间为自己造成的悲剧做一些补偿。听着，警察认为是希尔顿·库比特夫人杀死了她的丈夫。她没有被起诉的唯一原因只在于我所掌握的这些信息，仅此而已。你能做的最后一件事就是向全世界表明，她对她丈夫的惨死不负有任何直接或间接的责任。"

■意识到~ ～に気づく　■嫁给 ～に嫁ぐ、(女性が)～と結婚する　■所作所为 (ネガティブな意味で)することなすこと　■制裁 [動]制裁する、裁く　■无所谓 どうでもいい　■引诱 [動]誘惑する、おびき寄せる　■补偿 [名]補償、罪滅ぼし　■惨死 惨めな死　■负有责任 責任を負う

「夫人が君から離れたのは、君の本性に気付いたからだよ」とホームズは言った。「彼女はアメリカから逃げ出して、イギリスで、立派な男性と結婚した。君は彼女を追いかけ、彼女の新しい生活の邪魔をした。そしてひとりの善良な男に死をもたらし、その妻を自殺に追いやった。エイブ・スレイニー、以上がこの件について君がやってきたことだ。法の裁きを受けたまえ」

「エルシィが死ぬなら、自分もどうなったっていいんだ」と彼が言った。そして片方の手を開き、紙切れを突き出した。「これを見てくれよ」。彼は叫んだ。その目は、まだ希望を捨てていないと語っていた。「俺をだますつもりじゃないだろうな。あんたたちの言うとおりにあいつが重傷だというなら、だれがこれを書いたというんだ?」

「僕が描いた。君をここにおびきよせるために」

「あんたが?　この踊る人形の秘密を知っているのは、俺たち一味以外にはいないはずだ。どうやってこれを描いた?」

「人が作ったものならば、誰かが解くことができるものさ」とホームズは言った。「スレイニーさん、君をノリッジへ運ぶ馬車がこちらに向かっている。しかし、君が引き起こした悲劇に対して、多少の罪滅ぼしをする時間がある。いいか、警察は、ヒルトン・キュービット夫人が夫を殺したと考えていたんだよ。夫人が告発されなかったのは、私が持ちあわせていた情報があったから、ただそれだけだ。君ができる最後のことは、彼女が夫の悲しい死に対して直接的にも間接的にも責任がないということを、全世界に明らかにすることだ」

"我求之不得。"那个美国人说道。"我想我能做的最好的事就是说出真相吧。"

"我必须告诉你，你说过的话将被记录下来。它还可能被当作对你不利的证据。"探长补充说道。这反映了大英帝国刑法典中伟大的公平精神。

斯兰尼并没有改变他的想法。

"我明白。"他开口说道，"我想让你们知道的第一件事就是，我和她是青梅竹马的玩伴。我们七个人是芝加哥的暴力团伙，艾尔西的父亲是这个团伙的老大。他是个很聪明的人。我们都叫他帕特里克老爹。想出了这个密码的也是他。通常情况下，它只会被看作是孩子的涂鸦。你也就是碰巧找到了破解它的方法。之后，艾尔西发现了我们在做的坏事，于是她无法忍受这份工作。她合法地给自己赚了一些钱，然后逃到了伦敦。在那之前，她已经答应嫁给我了。如果我及早金盆洗手，她就嫁给我了。我想她应该是不想卷入任何违法的事情里吧。等我弄清艾尔西的住所时，她已经和那个英国人结婚了。我给她写过信，但她从未回信。既然写信没有用，那我只能到这里来。我在她能看见的地方给她写了留言。

■ 求之不得 望むところ ■ 青梅竹马 幼馴染 ■ 玩伴 [名]友達 ■ 暴力团伙 暴力団 ■ 老大 [名]ボス、元締め ■ 老爹 [名]オヤジ ■ 碰巧 [副]たまたま、うまい具合に ■ 赚 [動](お金を)稼ぐ ■ 金盆洗手 (金のたらいで手を洗う)悪事から足を洗う ■ 卷入 [動]巻き込む ■ 违法的 [形]違法な

「望むところだ」と、そのアメリカ人は言った。「俺にできる最善のことは、真実を話すことなんだろう」

「ひとつ言っておかなくてはならないのだが、君が話したことは書面に残される。君に不利な証拠として使われることもあるだろう」と警部が口を添えた。大英帝国刑法の素晴らしき公正の精神である。

スレイニーの気持ちは変わらなかった。

「了解した」と彼は語り始めた。「まずあんたたちにわかってほしいのは、俺とあいつは、幼馴染だったっていうことだ。俺たち7人はシカゴの悪党団で、エルシィの父親は一味のボスだった。頭のきれる男だったよ。パトリックのおやじと呼ばれていた。この暗号を考え出したのもおやじだよ。ふつうなら子供の落書きとして片づけられるところだろう。あんたはたまたまその鍵を手に入れたけれどね。それで、エルシィは一味のやっていることに気付いたんだが、その仕事に耐えられず、自分で合法的に金を作って、ロンドンへと逃げたんだ。その前に俺とは結婚の約束をしていたんだよ。俺が足を洗っていたなら、結婚してくれていたと思う。あいつは法に背くことには関わりあいたくなかったんだろう。俺がエルシィの居所を突き止めたときには、あのイギリス人と結婚した後だった。手紙を出したけれども、返事はこない。手紙じゃ役にたたないから、こっちにやってきて。あいつの目につく場所に伝言を描いたんだ。

是啊，我已经在这里呆了一个月了。我一直住在那个农场的地窖里。一到夜里，我就可以自由出入，并且不被人发现。我想尽办法让艾尔西和我一起逃走。她似乎看到了我的留言。因为有一次，她在我的留言下面给我写了回复。我怒上心头，于是转而想威胁她。结果她给我寄来了一封信，要求我从这里离开。她说她一想到他丈夫的名誉会受损，她就无比担心，感觉心脏要被撕裂一般。她告诉我，她会在凌晨3点趁她丈夫睡着时溜出来，隔着窗户和我说话，但当时她要求我离开，让她一个人呆着。之后她的确来了。她带着钱来的，她想用钱把我打发走。我很生气，于是抓住她的胳膊，想把她从窗户上拽下来。这时，她的丈夫手里拿着一把枪跑了出来。艾尔西摔倒在地上，于是我就和他面对面了。我也把枪拔了出来。我打算吓吓他，然后跑走。他向我开了一枪，但子弹打歪了。我也同时开了一枪，而他却倒下了。我在逃跑途经院子时，从身后传来了关窗户的声音。这是真的。之后，那个男孩给我带了一封信，我就被诱骗到了这里，被你们戴上了手铐，这就是全部的事实经过。"

■ 地窖［名］地下室　■ 留言［名］伝言　■ 怒上心头 かっとなる　■ 威胁［動］脅す　■ 受损［動］傷つく　■ 撕裂［動］裂ける　■ 打发［動］追い払う　■ 摔倒［動］倒れる　■ 诱骗［動］誘惑し騙す、惑わし騙す

　そうだな、ここに来て1ヵ月になるよ。あの農場に滞在して、地下室で暮らしていたよ。夜ならいつでも、誰にも気づかれずに出入りできた。エルシィが自分と逃げてくれるのならと、できる限りのことをした。俺の伝言は読んでくれているようだった。一度、俺が描いた伝言の下に、返事をくれたからね。俺は怒りのあまり我を忘れてしまって、あいつを脅そうとした。するとあいつは手紙をよこした。俺にここから立ち去るようにと頼んできたんだ。夫の名誉に傷がつくようなことが起こるかと思うと心配で心がはりさけそうだというんだ。あいつは、朝の3時、夫が眠っているときに抜け出して、窓ごしに俺と話をするから、それきり立ち去ってくれ、そっとしておいてくれ、と言ってきた。あいつはやってきたよ。金を持ってきて、その金で俺を追い払おうとしたんだ。俺はかっとなって、あいつの腕をつかみ、窓から引きずり下ろそうとした。その時、あいつの旦那が銃を手に走ってきた。エルシーは床に倒れ、俺は奴と向き合った。俺も銃を取り出した。奴を威嚇して逃げるつもりだった。あいつが撃ってきたが、弾は逸れた。俺も同時に撃って、奴は倒れた。俺は庭を横切って逃げたけれど、後ろで窓が閉まる音が聞こえた。これが真実だ。その後はあの少年が手紙を持ってきて、俺はのこのことここへやってきて、手錠をかけられた、それが全てだよ」

那个美国人还在说话时，马车就已经到了。里面坐着两名警察。马丁探长站起身，把手搭在犯人的肩膀上。

"行了，我们走吧。"

"我可以看她一眼吗？"

"不行。她还没有恢复意识。夏洛克·福尔摩斯先生，今后如果有其他重大的案件，我还希望能与您共事。"

我们站在窗边，目送着马车离开。我转过身，目光落在了斯兰尼留在桌上的一张纸上。这就是引诱他来这里的那封信。

"你能读懂它吗，华生？"福尔摩斯微笑着说。

纸上没有文字，只有一排舞动的小人。

"如果你用上我说过的解码方法，你就会明白了。上面只写了'Come here at once'（马上来这儿）。我知道他一定会来的，因为他肯定以为这封信是那位夫人写的。对了，华生，这些舞动的小人被用来做了很多坏事，但最后还是被用来做了一件好事。而我也兑现了我的承诺：在你的案件档案中增加了一个不寻常的案例。我们就坐3点40分的火车走吧。这样我们就可以回贝克街吃晚饭了。"

■ 搭［動］(手を) かける ■ 肩膀［名］肩 ■ 共事［動］一緒に仕事をする ■ 解码［動］符号解読をする ■ 兑现［動］(約束を) 果たす

アメリカ人が話している間に、馬車が到着していた。中には2人の警察官がいた。マーティン警部は立ち上がり、犯人の肩に手をかけた。

「さあ、行こう」

「あいつにひと目会えませんか」

「だめだ。意識が戻っていないんだよ。シャーロック・ホームズさん、今後また大きな事件があったときには、ぜひともご一緒できたらと願っております」

私たちは窓際に立ち、馬車が去っていくのを見ていた。私が振り返ると、スレイニーが机の上に置いていった紙切れが目にとまった。彼をここへおびき寄せた手紙だ。

「それが読めるかね、ワトソン君」とホームズが微笑みながら言った。

そこには文字はなく、踊る人形がいくつか並んでいるだけだった。

「僕が説明した解読の鍵を使えばわかるだろう。『Come here at once』（すぐに来て）と書いてあるだけさ。奴は、あの夫人からに違いないと思うだろうから、絶対に来るだろうと思っていた。そうだ、ワトソンくん、この踊る人形はずいぶんと悪いことに使われてきたけれど、最後にはいいことに使われたんだよ。そして僕は、君の事件簿の中に珍しい事件を加えるという約束を果たせた。3時40分の列車に乗ろう。そうすれば、ベーカー街に戻って夕食を食べることができる」

　　我想最后再补充一句。鉴于是希尔顿·库比特先生先开的枪，亚伯·斯兰尼虽免除了死刑，但被判处终身监禁。至于希尔顿·库比特夫人，她后来完全恢复了健康。她没有再婚，而是将她的余生献给了慈善事业，并致力于守护她心爱的丈夫的家和仆人们。

■ 鉴于～ [前]～に鑑みて　■ 免除 [動]免れる、免除する　■ 判处 [動](刑を)処す　■ 终身监禁 終身刑　■ 献给 [動] 捧げる　■ 致力于～ ～に取り組む、～に力を注ぐ　■ 守护 [動] 守る　■ 心爱的 [形]愛する

　最後に付け加えておこう。エイブ・スレイニーは、ヒルトン・キュービット氏が先に撃ったという事実を考慮され、死刑は免れたが終身刑とされた。ヒルトン・キュービット夫人については、その後完全に回復したとのことだが、再婚はせず、余生を慈善事業に捧げ、愛する夫の家と使用人たちの生活を守っているという。

覚えておきたい中国語表現

我提前把它寄给您，是为了让您在我到来之前有所思考。
（p.204，下から2-1行目）

私がこちらに伺う前にお考えになるかと思って、前もってお送りしたのです。

【解説】"〜、是为了〜" は、ある目的や目標を達成するために行動する（した）ことを表現します。日本語で言うと、「〜する／したのは、〜のためだ」という表現になります。

【例文】

① 我去健身房，是为了让自己保持健康和强壮。
健康で筋肉のある体を保つために、私はジムに通っています。

② 我学习中文，是为了有朝一日去中国留学能用上。
いつか中国に留学するときに使えるように、中国語を勉強しています。

如果是我的话，我会让一些农场的孩子在院子里埋伏着，……
（p.224，7-8行目）

私としては、農場の少年たちを何人か庭に待機させて、……

【解説】"如果是〜的话" は、「もし〜であれば」という意味です。この表現では、仮定や条件が成立した場合に自分がどのような行動や考えをするかを述べることができます。

【例文】

① 如果是你的话，你会选择哪个工作？
あなたの場合でしたら、どの仕事を選びますか。

② 如果是夏天的话，我会去海边度假。
夏だったら、海辺に行って休暇を過ごすかな。

客人宽大的背影一消失在门后，他就走到书桌前，铺开每一张画有小舞人的纸片，开始了破译工作。（p.226, 2-4行目）

客の広い背中がドアの向こうに消えたとたんに机に向かい、踊る人形が描かれた紙きれを残らず並べ、解読にかかった。

【解説】"一〜就〜"は、ある条件や状態が発生すると、即座にそれに応じた行動や結果が生じることを表します。例文では、「依頼人が部屋から出たとたん、ホームズが仕事に取り組みはじめた」という意味を強調しています。

【例文】

① 爸爸要我一下飞机就打电话通知他。
　　父は、飛行機を降りたらすぐに電話して知らせるようにと言った。

② 她每天一听到下课的铃声，就像一只自由的小鸟一样冲出教室。
　　彼女は毎日、ベルを聞くやいなや、自由な鳥のように教室を飛び出していく。

参与录口供的阵容很奇怪：除了福尔摩斯、还有马丁探长、当地的医生、以及我和一个大个子警官。（p.236, 8-10行目）

ホームズの他に、マーティン警部と地元の医師、私、大柄の警察官という妙なメンバーで聴取が始まった。

【解説】"除了〜还有〜"は、「〜だけでなく〜も」という意味を表します。この表現では、特定の対象や項目以外にも他の対象や項目が存在することを述べることができます。

【例文】

① 除了这些学科，还有许多其他有趣的课程可以选择。
　　これらの科目に加えて、他にも興味深いコースがたくさんあります。

② 除了这本书，还有其他的参考资料可以帮助你学习。
　　この本のほかにも、勉強に役立つ参考資料があります。

> 屋内自不必说，就连走廊里也弥漫着硝烟和火药的味道。
> （p.236，下から7行目）
>
> 室内はもちろん、廊下にも硝煙と火薬の匂いが充満していた。

【解説】"〜自不必说"は、ある事実や状況が非常に明らかであるため、わざわざ言及する必要がないことをいう表現です。"就连／就是〜（〜も）"が後続する場合が多いです。

【例文】

① 专业课成绩自不必说，他就连运动和乐器也样样精通。

　専門科目の成績はもちろんのこと、彼はスポーツや楽器にも精通しています。

② 餐饮业自不必说，由于新冠，这两年就连制造业也受到了重创。

　飲食業はもちろん、製造業でさえもコロナのせいでこの2年間は大きな打撃を受けています。

> 针对马丁探长的问题，她们回答说确信每扇门都是从里面锁上的，没有人从房子里跑出去。（p.238，1-3行目）
>
> マーティン警部の質問に対して、どの扉も内側から鍵がかけられていたことは確かで、家から逃げた人物もいないと答えた。

【解説】"针对〜"は「〜に対して／に関して」という意味を表すときに便利な表現です。文の後半で特定の対象に対してとった対応を述べることが多いです。

【例文】

① 针对顾客提出的问题，我们公司做了详细的调查和研究。

　お客様にいただいた疑問に関して、社内で詳細な調査と研究を行いました。

② 针对恐怖分子提出的要求，我们断然拒绝。

　テロリストの要求に対して、我々は断固として拒否します。

既然这是人想出来的，就会有人知道如何解释它。（p.264，下から7行目）

人が作ったものならば、誰かが解くことができるものさ。

【解説】"既然～就～"は、原因と結果を表す固定の表現で、ある前提条件が存在するために、必然的にある結果や結論が生じることを強調します。

【例文】
① 既然你说这件事是他干的，就请你拿出证据来。
　 彼がやったと言うのなら、証拠を出してください。

② 既然明天下雨，我们就哪儿也别去了。
　 明日は雨だから、出かけるのをやめよう。

③ 既然这部电影口碑不怎么样，我们就别去看了吧。
　 この映画は評判が悪いから、観に行くのはやめよう。

English Conversational Ability Test
国際英語会話能力検定

● E-CATとは…
英語が話せるようになるための
テストです。インターネット
ベースで、30分であなたの発
話力をチェックします。

www.ecatexam.com

● iTEP®とは…
世界各国の企業、政府機関、アメリカの大学
300校以上が、英語能力判定テストとして採用。
オンラインによる90分のテストで文法、リー
ディング、リスニング、ライティング、スピー
キングの5技能をスコア化。iTEP®は、留学、就
職、海外赴任などに必要な、世界に通用する英
語力を総合的に評価する画期的なテストです。

www.itepexamjapan.com

［IBC 対訳ライブラリー］
中国語で読むシャーロック・ホームズ

2023年10月6日　第1刷発行

原 著 者　コナン・ドイル

翻訳・解説　羅　漢

発 行 者　浦　晋亮

発 行 所　IBCパブリッシング株式会社
　　　　　〒162-0804 東京都新宿区中里町29番3号 菱秀神楽坂ビル
　　　　　Tel. 03-3513-4511　Fax. 03-3513-4512
　　　　　www.ibcpub.co.jp

印 刷 所　株式会社シナノパブリッシングプレス

ISBN978-4-7946-0782-9